ଏଜରା ପାଉଣ୍ଡ
କବିତା

ଏଜରା ପାଉଣ୍ଡ୍ର କବିତା

ନୋବେଲ ପୁରସ୍କାର ପ୍ରାପ୍ତ
କବି **ଟି. ଏସ୍. ଏଲିୟଟ୍‌ଙ୍କ** ଦ୍ୱାରା
ଓଡ଼ିଆ ଅନୁବାଦ ପାଇଁ ଲିଖିତ
ମୁଖବନ୍ଧ

ଅନୁବାଦ :

ଜ୍ଞାନୀନ୍ଦ୍ର ବର୍ମା

BLACK EAGLE BOOKS
Dublin, USA | Bhubaneswar, India

ଏଜରା ପାଉଣ୍ଡ୍ କବିତା / ଅନୁବାଦ: ଜ୍ଞାନୀନ୍ଦ୍ର ବର୍ମା

BLACK EAGLE BOOKS

USA address:
7464 Wisdom Lane
Dublin, OH 43016

India address:
E/312, Trident Galaxy, Kalinga Nagar,
Bhubaneswar-751003, Odisha, India

E-mail: info@blackeaglebooks.org
Website: www.blackeaglebooks.org

First Edition published by Prafulla Chandra Das, 15th August, 1958

First International Edition Published by
BLACK EAGLE BOOKS, 2024

EZRA POUND KABITA
Odia Translated by **Gyanindra Varma**

Copyright © **Black Eagle Books**

All rights reserved. No part of this publication may be reproduced, stored in a retrieval system, or transmitted, in any form or by any means, electronic, mechanical, photocopying, recording or otherwise without the prior permission of the publisher.

Cover & Interior Design: **S.S. Printers**, Cuttack

ISBN- 978-1-64560-602-4 (Paperback)

Printed in the United States of America

"ଏଜରା ପାଉଣ୍ଡଙ୍କ ଲେଖାରେ କଦାପି ଚାଞ୍ଚଲ୍ୟ ନାହିଁ, ଯାହାଅଛି ତାହା କେବଳ ବକ୍ରୋକ୍ତି ଅଥବା ଭର୍ତ୍ସନା, କୋମଳତା ନାହିଁ କେବଳ ଆତ୍ମବ୍ୟଞ୍ଜନା; କେଉଁଠାରେ ହେଲେ ଲାଳସା ନାହିଁ, ଅଛି କେବଳ ବିଦ୍ରୋହ। ଏହା ପରେ ବାକି ଯାହା ରହେ ତାହା ହେଉଛି କେତୋଟି ଲଳିତ ପଦ ଏବଂ ଖଣ୍ଡିତ ପ୍ରତିଚ୍ଛାୟା ମାତ୍ର।"

-ଲୁଇସ୍ ଓ. କକ୍‌ସ

ମୁଖବନ୍ଧ

ଏଜରା ପାଉଣ୍ଡ୍‌ଙ୍କ "କବିତା ସଂଚୟନ"ର "ଏହି ଓଡ଼ିଆ ଅନୁବାଦ ପାଇଁ ଏକ ମୁଖବନ୍ଧ ଲେଖି ଦେବାର ଆହ୍ୱାନ ପାଇ ମୁଁ ନିଜକୁ ସବିଶେଷ ସମ୍ମାନିତ ବୋଧ କରୁଛି। ଏ ସଂପର୍କରେ ମୋ ମନରେ ସ୍ୱତଃ ଏହି ପ୍ରଶ୍ନ ଉଠୁଛି ଯେ ଓଡ଼ିଆ ଭାଷା ଓ ସାହିତ୍ୟରେ ଅନଭିଜ୍ଞ ଇଂରେଜୀ ଭାଷାର ଅନ୍ୟ ଜଣେ କବି ଏଜରା ପାଉଣ୍ଡ୍‌ଙ୍କ କବିତା ଅନ୍ୟମାନଙ୍କ ନିକଟରେ ପରିଚିତ କରାଇବାକୁ ଯିବା କି ଆବଶ୍ୟକ ? ହେଲେ ବି, ମୁଁ ଏ ଆସନ ଗ୍ରହଣ କରିବା କି ପ୍ରୟୋଜନ। ଯଦିବା ଏଜରା ପାଉଣ୍ଡ୍‌ଙ୍କର କୌଣସି ପରିଚୟ ଆବଶ୍ୟକ ହୁଏ ତେବେ ଇଂରେଜୀ ଭାଷାରେ ରଚିତ ତାଙ୍କ କବିତା ସହିତ ଭଲ ଭାବରେ ପରିଚିତ କୌଣସି ଖ୍ୟାତି ସଂପନ୍ନ ଓଡ଼ିଆ କବି ଏ କାର୍ଯ୍ୟର ଭାରନେବା ସଙ୍ଗତ। ସେ ପାଉଣ୍ଡଙ୍କର କାବ୍ୟଧାରା ନିଜ ଦେଶବାସୀଙ୍କୁ ଭଲ ରୂପେ ବୁଝାଇ ଦେଇ ପାରିବେ।

ମୋ ନାମ ଭଳି ଓଡ଼ିଶାରେ ଏଜରା ପାଉଣ୍ଡ୍‌ଙ୍କ ନାମ ସୁପରିଚିତ ହେବା ସମୀଚୀନ। ଓଡ଼ିଶାରେ ମୋ କାବ୍ୟ କବିତା ପ୍ରକାଶ ପାଇବା ପୂର୍ବରୁ ତାଙ୍କ କବିତା ପ୍ରକାଶିତ ହେବାର କଥା। ସେ ମୋ ଠାରୁ ବୟୋଜ୍ୟେଷ୍ଠ। ଇଂଲଣ୍ଡରେ ମୋ ନାମ ବିଦିତ ହେବାର ବହୁ ପୂର୍ବରୁ କବି ହିସାବରେ ତାଙ୍କ ନାମ

ପ୍ରସିଦ୍ଧି ଲାଭ କରିଥିଲା । ତାଙ୍କରି ଉଦ୍ୟମରେ ହିଁ ମୋ କାବ୍ୟ କବିତା ପ୍ରଥମେ ପ୍ରକାଶ ପାଇବା ସମ୍ଭବ ହେଲା । ତାଙ୍କ ପ୍ରୋତ୍ସାହନ ମିଳି ନଥିଲେ ମୁଁ ହୁଏତ ବହୁପୂର୍ବରୁ କବିତା ଲେଖିବା ସମ୍ପୂର୍ଣ୍ଣରୂପେ ଛାଡ଼ି ଦେଇଥାନ୍ତି ।

ପାଉଣ୍ଡ୍ ପ୍ରଚଳିତ ଓ ଅତି ପ୍ରାଚୀନ ଭାଷା ଏବଂ ପ୍ରାଚ୍ୟ ଓ ପାଶ୍ଚାତ୍ୟ ସାହିତ୍ୟମାନଙ୍କୁ ଆଶ୍ରୟ କରି ସେଥିରୁ କବିତା ରଚନାର ଉପାଦାନ ପାଇଛନ୍ତି । ବିଭିନ୍ନ ଭାଷା ଅଧ୍ୟୟନ ଶିକ୍ଷା ଦ୍ୱାରା ଅନ୍ତର୍ନିହିତ ଅତ୍ୟଦ୍ଭୁତ ପ୍ରତିଭା ବଳରେ ସେ ସ୍ପେନ୍, ପର୍ତ୍ତୁଗାଲ ଏବଂ ଜାପାନ ପ୍ରଭୃତି ଗୋଟିକ ପରେ ଗୋଟିଏ ବିଭିନ୍ନ ଦେଶର ଭାଷା ସାହିତ୍ୟରେ ମନ ବଳାଇଲେ । ତାଙ୍କର କବିତା ବହୁ ଭାଷାର ସାହିତ୍ୟ ଦ୍ୱାରା ପୁଷ୍ଟ ଓ ସମୃଦ୍ଧ । ପକ୍ଷାନ୍ତରେ ତାଙ୍କ ସ୍ୱରଚିତ ପଦାବଳୀ ପ୍ରତ୍ୟେକ ଭାଷାର ଜୀବିତ କବିମାନଙ୍କ ଲେଖାକୁ ଶ୍ରୀସଂପନ୍ନ କରି ପାରିବ । ବସ୍ତୁତଃ ଜୀବିତ କବିତାଲେଖକମାନଙ୍କ ମଧ୍ୟରେ ପାଉଣ୍ଡ୍ ହେଉଛନ୍ତି ସର୍ବଶ୍ରେଷ୍ଠ । ଅନ୍ୟାନ୍ୟ ଭାଷାର କବିମାନଙ୍କୁ ଶିକ୍ଷା ଦେବାଭଳି ବହୁ କଥା ତାଙ୍କ ଠାରେ ରହିଛି । ଏହି ବିଶ୍ୱାସ ମନରେ ପୋଷଣ କରି ମୁଁ ଇଂରେଜୀ ଭାଷାରେ ରଚିତ ତାଙ୍କର କବିତାବଳୀ ଓ ତାର ଓଡ଼ିଆ ଅନୁବାଦ ଓଡ଼ିଶାର କାବ୍ୟ ରସିକମାନଙ୍କୁ ସାଦର ସମର୍ପଣ କରୁଛି ।

ଟି. ଏସ୍. ଏଲିୟଟ୍

ଡିସେମ୍ବର ୩, ୧୯୫୭

INTRODUCTION

I felt highly honoured at being invited to contribute a preface to this Oriya translation of Ezra Pound's <u>Selected Poems</u>. I only ask myself why should poems of Ezra Pound need to be introduced by another poet writing in the English language, and himself ignorant of Oriya language and literature? Any why should this poet be myself. If any introduction be needed, it should be the work of some distinguished Oriya poet, well acquainted with Pound's poetry in English, who could best explain and interpret it to his Countrymen.

The name of Ezra Pound ought to be as well-known in Orissa as my own; his poems deserved priority of publication over mine. He is my senior, and his name as a poet was known in England long before mine. It was owing to his efforts that poems of mine were first published and but for his encouragement I might at an early period have abandoned the writing of poetry altogether.

Pound has found his sources and his inspiration in languages living and dead, and in literatures East and West. Gifted with prodigious facility in learning languages, he has turned his eye upon one literature after another, from Spain and Portugal to Japan. Many literatures have enriched his verse; in turn his own poetry can enrich that of living poets in every language. Pound is in fact the greatest living master of versification, and the master who has the most to teach poets of other languages. It is in this conviction that I commend his poetry in English and in translation to all poetry lovers in Orissa.

T. S. Eliot

3rd December, 1957

୨୮ ଜୁନ୍, ୧୯୫୭

ଶ୍ରଦ୍ଧାସ୍ପଦେଷୁ,

ମୋତେ ଓ ମୋ ଅନ୍ତରଙ୍ଗ ବନ୍ଧୁମାନଙ୍କୁ ଓଡ଼ିଆ ଭାଷା ସହିତ ପରିଚିତ କରାଇବାର ଏତେ ଅଳ୍ପ ପରେ ଆପଣ ଓଡ଼ିଆ ପାଠକଙ୍କ ସହିତ ମୋ ପରିଚୟ ଘଟାଇବାକୁ ଯାଉଛନ୍ତି ଦେଖି ମୁଁ ସ୍ୱଭାବତଃ ସୁଖୀ ହେଲି। ଆପଣଙ୍କ ଓଡ଼ିଆ ଅକ୍ଷରଗୁଡ଼ିକ ମୋତେ ସନ୍ତୋଷ ଦେଇଛି। ଏହି ପ୍ରକାର ଅକ୍ଷର ରବୀନ୍ଦ୍ରନାଥ ଠାକୁର ବଙ୍ଗ ଭାଷା ପାଇଁ କରାଇବାକୁ ଇଚ୍ଛା ପ୍ରକାଶ କରିଥିଲେ ବୋଲି ମୁଁ ଜାଣେ।

ମୋ ବହି ଓଡ଼ିଆ ଓ ବଙ୍ଗଳାରେ ପ୍ରକାଶ କରି ମୋତେ କଅଣ ଦେବାକୁ ହେବ ବୋଲି ଆପଣ "ସର୍ତ୍ତ" ପଚାରିଛନ୍ତି। ଆପଣ ବହି ବିକି ଯେଉଁ ଲାଭ ପାଇବେ ସେହି ଲାଭାଂଶର କିଛି ଅଂଶ ହିଁ ମୋର ପ୍ରାପ୍ୟ ହେବ। ଅବଶ୍ୟ ତାହା ଏମିତି କିଛି ବେଶୀ ହେବ ନାହିଁ ଯହିଁପାଇଁ ଆୟକର ବିଭାଗର ଖପରରେ ପଡ଼ିବାକୁ ହେବ। ଆମର କୁଶାସିତ ଦେଶମାନଙ୍କରେ ଏହା ହୋଇଛି ଗୋଟାଏ ବଡ଼ ସମସ୍ୟା। ମୁଁ ଜାଣେ ନାହିଁ ହୁଏ ତ ଆପଣଙ୍କ ଭାରତବର୍ଷ ଆୟକର ଦେବା "ସୌଭାଗ୍ୟରୁ" ମୁକ୍ତ ଥିବ। ମୋର ବିଶ୍ୱାସ ଆପଣଙ୍କ ଦେଶ ଏପରି "କଲ୍ୟାଣ"ରୁ ଲୋକଙ୍କୁ ମୁକ୍ତ ରଖିବା ପାଇଁ ଯଥେଷ୍ଟ ବିବେକୀତାର ପରିଚୟ ହୁଏତ ଦେଇଥିବ। ଭାରତରେ ଏବେ ମଧ୍ୟ ଅସଂଖ୍ୟ ପ୍ରକାରର ବାଣିଜ୍ୟିକ କର ଧାର୍ଯ୍ୟ ହୋଇନାହିଁ ବୋଲି ମୋର ଆଶା।

ଯେ କୌଣସି ଭଲ କାବ୍ୟର ଏକାଧିକ ଅନୁବାଦ ଏକାନ୍ତ ଲୋଡ଼ା। କାରଣ କୌଣସି ଦୁଇଜଣ ଅନୁବାଦକଙ୍କ ଦୃଷ୍ଟିଭଙ୍ଗି ଏକ ହୋଇ ନ ପାରେ।

ଆନ୍ତର୍ଜାତିକ ଭାବ ବିନିମୟ ପାଇଁ ଆପଣ ଯେଉଁ ଅଦମ୍ୟ ପ୍ରଚେଷ୍ଟା ଚଳାଇଛନ୍ତି ମୁଁ ତାହାର ଆନ୍ତରିକ ଉନ୍ନତି କାମନା କରୁଛି।

ଆପଣଙ୍କର ଏକାନ୍ତ,

ଏଜ୍‌ରା ପାଉଣ୍ଡ

28th June 1957

Dear Mr Das

I am naturally pleased that you are introducing me to the Oriya language so soon after introducing the language to me and my more intimate friends, and especially pleased with the type-face, at least as handsome as the font which, I understand, Tagore insisted on having cut for bengali printers.

"The terms" as you put it, or penalty for translating my work into bengali and oriya, would be theoretically a percentage of whatever you gained commercially by the process, which would NOT I imagine give rise to any great strain via the income tax in either of our misgoverned countries. Or may be India preserves enough sanity to be without that "blessing". AND I believe India is not yet corrupted with Xtn commercialism ANYhow.

A good poem deserves numerous translations as no two translators see the identical thing.

With hearty wishes for your continued activity aimed at international understanding
 I remain

Very cordially yours
Ezra Pound

ଏଜରା ଲୁମିସ୍ ପାଉଣ୍ଡ୍

ଆନନ୍ଦର ବିଷୟ ଯେ ଗତ ଜୁଲାଇ ମାସରେ ବିଶ୍ୱର ଅନ୍ୟତମ ପ୍ରତିଭାବନ୍ତ କବି ଏଜରା ଲୁମିସ୍ ପାଉଣ୍ଡ୍ ତେରବର୍ଷ କାଳ ନିଜର ଉଗ୍ର ଚିନ୍ତାଶୀଳତାର ପ୍ରାୟଶ୍ଚିତ କରି ଆମେରିକାର ପାଗଳାଖାନା ସେଣ୍ଟ ଏଲିଜାବେଥ୍ ମାନସିକ ଚିକିତ୍ସାଳୟରୁ ମୁକ୍ତିଲାଭ କରିଛନ୍ତି। ଏବେ ଇଟାଲିରେ ପହଞ୍ଚି ସେ ପ୍ରକାଶ କରିଛନ୍ତି ଯେ ଆମେରିକା ଯୁକ୍ତରାଷ୍ଟ୍ରର ପାଗଳଖାନା ଗୁଡ଼ିକରେ ଯେତେ ଜଣ ଜ୍ଞାନୀ ବ୍ୟକ୍ତି ଅଛନ୍ତି ତାହା ଅପେକ୍ଷା ଅଧିକ ନିର୍ବୋଧ ଲୋକ ବାହାରେ ବୁଲୁଛନ୍ତି। ପାଗଳାଖାନାରେ ଅବସ୍ଥାନ କାଳରେ ସେ ବହୁ ଜ୍ଞାନୀ ଲୋକମାନଙ୍କୁ ସେଠାରେ ଆବଦ୍ଧ ରହିଥିବାର ଦେଖିଛନ୍ତି। ପ୍ରକୃତ ପାଗଳକୁ ସେଠାରେ ରଖା ଯାଏ ନାହିଁ। ଏହା ଦ୍ୱାରା ଆମେରିକା ଧ୍ୱଂସମୁଖ ଆଡ଼କୁ ଗତି କରୁଛି ବୋଲି ସେ ମତ ପ୍ରକାଶ କରିଛନ୍ତି।

ଏଜରା ପାଉଣ୍ଡଙ୍କୁ ବ୍ୟକ୍ତିତ୍ୱ ନିର୍ଣ୍ଣୟ କରିବାର ମାନଦଣ୍ଡ କ'ଣ ତାହା ଆମକୁ ଅଜଣା। ତେବେ ବହୁ ଜ୍ଞାନୀଲୋକ ପାଗଳାଖାନାରେ ଥିବା ଏବଂ ପ୍ରକୃତ ପାଗଳ ସେଠାରେ ନଥିବା ଅବଶ୍ୟ ପ୍ରତ୍ୟେକଙ୍କର ଭାବନାର ବିଷୟ ହେବ।

ମାନବ ଜୀବନ ପ୍ରତି ଏଜରା ପାଉଣ୍ଡଙ୍କ ଶ୍ରଦ୍ଧା ପ୍ରାୟ ଅନନ୍ତ ଏବଂ ତାଙ୍କର ସାହିତ୍ୟ ସେହି ଶ୍ରଦ୍ଧାର ହିଁ ପରିଚୟ ବହନ କରିଛି। ସବୁ ଯନ୍ତ୍ରଣାକୁ ସେ ସ୍ୱୀକାର କରି ନେଇଛନ୍ତି ସତ୍ୟ, କିନ୍ତୁ ସେହି ଯନ୍ତ୍ରଣାର ଅଶ୍ରୁବିନ୍ଦୁ ତାଙ୍କର ଦୃଷ୍ଟିକୁ କୌଣସିଠାରେ ଆଚ୍ଛନ୍ନ କରି ପାରି ନାହିଁ। ଜୀବନର ସମସ୍ତ ଗ୍ଲାନି ଓ ସଂଶୟ ମଧ୍ୟରେ ବି କବି ପାଉଣ୍ଡ ତାଙ୍କ ବିଶ୍ୱାସର ଦ୍ୱୀପ-ଶିଖାଟିକୁ ପ୍ରଜ୍ୱଳିତ କରି ରଖି ପାରିଛନ୍ତି; ଅପରାଜିତ ସେହି ମହାଜୀବନର ପ୍ରତି ହିଁ ସେ ବାରମ୍ବାର ତାଙ୍କର ଆସ୍ଥା ଘୋଷଣା କରିଛନ୍ତି। ସେହି ଜୀବନ ଖଣ୍ଡକାଳ ମଧ୍ୟରେ ସୀମାବଦ୍ଧ ନୁହେଁ ଏବଂ ତାହାକୁ ଏହ ପାର୍ଥିବ ଯନ୍ତ୍ରଣା ଓ ସଂଶୟ ସ୍ପର୍ଶକରି ପାରେ ନାହିଁ।

ଉଚ୍ଚତର ସ୍ୱାଧୀନ ପ୍ରତିଭାକୁ ଯେଉଁମାନେ ଶ୍ରଦ୍ଧା କରନ୍ତି, ଆଜି କବିଙ୍କ ଏହି ମୁକ୍ତ ସମ୍ବାଦରେ ସେମାନେ ଯେ ଆନନ୍ଦିତ ହେବେ ଏଥିରେ ସନ୍ଦେହ ନାହିଁ। ଏହି ଶୁଭ ମୁହୂର୍ତ୍ତରେ ସମସ୍ତ ବିଶ୍ୱବାସୀଙ୍କ ସହ ତାଙ୍କୁ ଆମେ ଅଭିନନ୍ଦନ ଜଣାଇ ତାଙ୍କର ଗୌରବମୟ ସୁଦୀର୍ଘ-ଜୀବନ କାମନା କରୁଛୁ।

ପାଉଣ୍ଡଙ୍କ ସଂପର୍କରେ ପାଗଳାମୀର ଅଭିଯୋଗ ଏହି ପ୍ରଥମ ନୁହେଁ। ଗତ ଅର୍ଦ୍ଧ-ଶତାବ୍ଦୀ ଧରି ତାଙ୍କର ଉଗ୍ର ଚିନ୍ତାଶୀଳତାର ଅଭିବ୍ୟକ୍ତ ସହ ଏପରି ଅଭିଯୋଗ ପ୍ରାୟ ଲାଗି ରହିଛି।

୧୮୮୫ ସାଲ ଅକ୍ଟୋବର ତା ୩୦ ରିଖରେ ଇଦାହୋ ଅନ୍ତର୍ଗତ ହେଲି ସହରରେ ତାଙ୍କର ଜନ୍ମ। ପେନ୍‌ସିଲ୍‌ଭେନିଆ ଏବଂ ହାମିଲଟନ୍ ବିଶ୍ୱବିଦ୍ୟାଳୟରୁ ଶିକ୍ଷାଲାଭ କରି ୧୯୦୫ ସାଲରେ ପିଏଚ୍.ଡି. ଉପାଧି ପାଇଥିଲେ। ୧୯୦୮ରୁ ୧୯୧୦ ସାଲ ମଧ୍ୟରେ ଲଣ୍ଡନରେ ଅବସ୍ଥାନ କାଳରେ ପ୍ରାୟ ୪୦ ଖଣ୍ଡ ଗ୍ରନ୍ଥ ପ୍ରକାଶ କରି ସାହିତ୍ୟ ଜଗତରେ ଆଲୋଡ଼ନ ସୃଷ୍ଟି କଲେ।

ପାଉଣ୍ଡଙ୍କ "କାଥେ" ୧୯୧୫ ସାଲରେ ଏବଂ "ରିପୋସଟେସ୍" ୧୯୧୨ ସାଲରେ ପ୍ରକାଶ ପାଇଥିଲା, ଦ୍ୱିତୀୟ ପୁସ୍ତକର ଭୂମିକାରେ ସେ ଘୋଷଣା କରିଥିଲେ ଯେ, ସାଫା, କ୍ୟାଟାଲ୍ଲସ, ଭିଲୋଁ, ହାଇନେ, ଗୋଁତିୟର ପ୍ରଭୃତି କବିମାନଙ୍କର ରଚନାଗୁଡ଼ିକ ଅନୁବାଦ କରିବା ପାଇଁ ଇଂରାଜ କବିମାନେ ଯତ୍ନବାନ ହେବା ଅବଶ୍ୟକ।

୧୯୧୮ ସାଲରେ ଯୁଦ୍ଧର କାରଣ ନିର୍ଣ୍ଣୟ କରିବା ପାଇଁ ସେ ଗବେଷଣା ଅରମ୍ଭ କଲେ। ପାଉଣ୍ଡ୍ ଯୁଦ୍ଧ ବିରୋଧୀ। ୧୯୨୦ରୁ ୧୯୩୦ ନିଉୟର୍କରେ ସେ ଅବସ୍ଥାନ କରିଥିଲେ। ୧୯୩୧ ସାଲରେ ମିଲାନ ସହରସ୍ଥିତ ବୋକୋବି ବିଶ୍ୱବିଦ୍ୟାଳୟରେ ଜେଫାରସନ୍ ଏବଂ ଭାନ୍ ବୁରେନ୍‌ଙ୍କ ବିଷୟରେ ବକ୍ତୃତା ଦେବାକୁ ଆରମ୍ଭ କଲେ। ସେ ୧୯ବର୍ଷ ପରେ ୧୯୩୯ ସାଲରେ ଆମେରିକାକୁ ଫେରି ଆସିଲେ ଯୁଦ୍ଧ ବନ୍ଦ ଆନ୍ଦୋଳନ କରିବା ପାଇଁ। 'କବିତା'କୁ ବନ୍ଧନରୁ ମୁକ୍ତ କରିବା ପାଇଁ ସେ ଆନ୍ଦୋଳନ ଆରମ୍ଭ କଲେ। ସେହି ଆନ୍ଦୋଳନରୁ ହିଁ 'ଇମେଜିସମ୍'ର ସୃଷ୍ଟି ହେଲା।

ଏଜରା ପାଉଣ୍ଡ୍ ଇଟାଲୀୟ, ଫରାସୀ, ଚୀନା, ଜାପାନୀ ଇତ୍ୟାଦି ବହୁ ଭାଷା ଚର୍ଚ୍ଚା ଦ୍ୱାରା ଏକ ପ୍ରକାର ଭାଷାବୋଧ ସମନ୍ୱୟରେ ପହଞ୍ଚିଛନ୍ତି। ସେ ଯେତେବେଳେ ଚୀନା କବିତା ଅନୁବାଦ ଆରମ୍ଭ କଲେ ସେହି ସମୟରେ ଜାପାନୀ "ତାନାଖା" ଓ "ହୋକ୍‌କୁ" କାବ୍ୟ ଚର୍ଚ୍ଚାରେ ମଧ୍ୟ ନିରତ ଥିଲେ। ଚୀନା କବିତାର ଭାଷାଗତ ସଂଯମ ଓ ସରଳତା ରକ୍ଷା କରିବାରେ କବି ପାଉଣ୍ଡ ସିଦ୍ଧହସ୍ତ। ବିଭିନ୍ନ ପ୍ରାନ୍ତୀୟ ଭାଷାରେ ମଧ୍ୟ ତାଙ୍କର ଭଲ ପ୍ରବେଶ ଅଛି ବୋଲି କବି ଓ ସମାଲୋଚକ ଏଲିୟେଟ ପ୍ରକାଶ କରିଛନ୍ତି। ବହୁକାଳ ଧରି ବହୁ କବିମାନଙ୍କର ଅବଦାନରେ ଚୀନା କବିତାର ଭାଷାଗତ ଏକ

ପରମ୍ପରା ଗଢ଼ି ଉଠିଛି। ଏଜରା ପାଉଣ୍ଡ ସେହି ପରମ୍ପରାର ବିଶେଷ ପ୍ରକୃତିକୁ ଦକ୍ଷତାର ସହ ଆୟତ୍ତ କରି ନେଇଛନ୍ତି। ଚୀନା କବିତାର ବାକ୍‌ସଂଯମ ଆଉ ସ୍ୱାଦ ବୈଚିତ୍ର୍ୟ ଦ୍ୱାରା ପାଉଣ୍ଡ୍ ଇଂରେଜୀ ସାହିତ୍ୟକୁ ସମୃଦ୍ଧ କରିଛନ୍ତି।

ଦୁର୍ଭାଗ୍ୟର ବିଷୟ ଯେ ଆଜି ସୁଦ୍ଧା କୌଣସି ଆମେରିକାନ୍ କବି ନୋବେଲ ପୁରସ୍କାର ଦ୍ୱାରା ସମ୍ମାନିତ ହୋଇ ନାହାନ୍ତି। କବି ଏଲିୟଟ୍ ଆମେରିକାବାସୀ ହେଲେ ମଧ୍ଯ ବ ୩୮ ର୍ଷ ପୂର୍ବେ ବ୍ରିଟିଶ ନାଗରିକତ୍ୱ ବରଣ କରି ଇଂଲଣ୍ଡରେ ବସବାସ କରୁଛନ୍ତି।

ଆନ୍ତର୍ଜାତିକ ସଂସ୍କୃତିର ଦରବାରରେ ଭାରତୀୟ ସାହିତ୍ୟର ଯାହା କିଛି ପରିଚୟ ଓ ଗର୍ବ ତାହା ହେଉଛି କବିତା। କବିତା ଦ୍ୱାରା ହିଁ ଓଡ଼ିଆ ସାହିତ୍ୟର ଆଦି-ପତ୍ତନ ହୋଇଥିଲା ଏବଂ କାବ୍ୟ ଚେତନା ଆଜି ମଧ୍ଯ ଓଡ଼ିଆ ଜାତିର ଜୀବନ-ସତ୍ତାକୁ ସ୍ପନ୍ଦିତ କରେ। କବିତା ପାଠ ପ୍ରତ୍ୟେକ ଘରେ ଦୈନନ୍ଦିନ ଘଟଣା ଥିଲା। ବିଶେଷତଃ ଭାଗବତ, ରାମାୟଣ, ମହାଭାରତ, ବ୍ରତକଥା ଇତ୍ୟାଦି ଅନ୍ତଃପୁର ଠାରୁ ଆରମ୍ଭ କରି ବାହାରର ଭାଗବତ ଟୁଙ୍ଗି ପର୍ଯ୍ୟନ୍ତ ବ୍ୟାପି ରହିଥିଲା।

ବିଶ୍ୱର ମହତ୍ କବିମାନଙ୍କ କବିତା ଓ କାବ୍ୟ ଅନୁବାଦର ଉଦ୍ଦେଶ୍ୟ ହେଉଛି ଅତୀତରୁ ବର୍ତ୍ତମାନଙ୍କୁ ଦୃଷ୍ଟି ଫେରାଇବା। ମାତ୍ର ଭାଷାର 'ବ୍ୟଞ୍ଜନା' ବଢ଼ାଇବାର ଅନ୍ୟତମ ଉପାୟ ହେଉଛି ଅନୁବାଦ। ଅନୁବାଦ ମାଧ୍ୟମରେ ଗୋଟିଏ ଦେଶ ଆଉ ଏକ ଦେଶର ମନରେ ସ୍ଥାନ ପାଇଥାଏ ଏବଂ ଭାବ ଓ ବୌଦ୍ଧିକ ଆନ୍ଦୋଳନର ଆଦାନ ପ୍ରଦାନ ମଧ୍ଯ ଘଟିଥାଏ।

ବିଦେଶୀ ଭାଷାରୁ ଅନୁବାଦ କରିବା ପୂର୍ବରୁ ଯୋଡ଼ିଏ ଅଭିଜ୍ଞତାର ବିଶେଷ ପ୍ରୟୋଜନ ରହିଛି। ତାହା ହେଉଛି ମୂଳ-ଭାଷାର କେବଳ ମାତ୍ର ଶବ୍ଦାର୍ଥ ଜ୍ଞାନ ନୁହେଁ—ତାହାର ପ୍ରୟୋଗ ବିଧିର ରସବୋଧ ଏବଂ ଦ୍ୱିତୀୟରେ ଯେଉଁ ଭାଷାରେ ଅନୁବାଦ କରାହେବ ସେହି ଭାଷାର ଅନୁରୂପ ପ୍ରୟୋଗ ବିଧି ରକ୍ଷା କରିବାର ଶକ୍ତି। ଶ୍ରୀଯୁକ୍ତ ଜ୍ଞାନୀନ୍ଦ୍ର ବର୍ମା ତାହା ସତର୍କତାର ସହିତ ଯଥାସାଧ୍ଯ ରକ୍ଷା କରିଛନ୍ତି ବୋଲି ଆଶାକରେ।

ଇତିମଧ୍ୟରେ କବି ପାଉଣ୍ଡଙ୍କ ଆନୁକୂଲ୍ୟରେ ବିଶିଷ୍ଟ ଉକ୍ରାଏନ୍ କବି ଇଘର କୋସଟେଟ୍‌ସକୀଙ୍କ ସଙ୍ଗେ ପରିଚୟ ଘଟିଅଛି। ସେ ମଧ୍ଯ ଉକ୍ରାଏନ୍ ଭାଷାରେ "ପାଉଣ୍ଡ୍‌ଙ୍କ କବିତା ସଞ୍ଚୟନ" ଅନୁବାଦ କରୁଛନ୍ତି।

ପ୍ରଖ୍ୟାତ ସମାଲୋଚକ ଓ ବିଶ୍ୱକବି ଥମାସ୍ ଷ୍ଟର୍ଣ୍ଣସ୍ ଏଲିୟଟ୍ ତାଙ୍କର ବହୁ ମୂଲ୍ୟବାନ ସମୟ ବ୍ୟୟରେ ମୋର ଅନୁରୋଧ ରକ୍ଷା କରି ଏହି ପୁସ୍ତକ ପାଇଁ "ମୁଖବନ୍ଧ" ଲେଖି ପଠାଇ ଥିବାରୁ ଏବଂ କବିଗୁରୁ ଏଜରା ପାଉଣ୍ଡ ତାଙ୍କର ସମ୍ମତି ଓ ଉତ୍ସାହ ପ୍ରଦାନ କରିଥିବା ଯୋଗୁ ଉଭୟ ମନୀଷୀଙ୍କୁ ମୁଁ ଆନ୍ତରିକ କୃତଜ୍ଞତା ଜ୍ଞାପନ କରୁଛି।

୧୫, ଅଗଷ୍ଟ ୧୯୫୮ **ପ୍ରଫୁଲ୍ଲ ଚନ୍ଦ୍ର ଦାସ**

ଅବତରଣିକା

ପୃଥିବୀର ସର୍ବଶ୍ରେଷ୍ଠ ସାହିତ୍ୟିକ ଗୌରବ ନୋବେଲ ପୁରସ୍କାର ଲାଭ ନ କରି ଯେଉଁ କେତେକ ସାହିତ୍ୟ ରଥୀ ସାହିତ୍ୟର ଗତି ଧାରାରେ ବିରାଟ ପରିବର୍ତ୍ତନ ଆଣି ସମଗ୍ର ବିଶ୍ୱରେ ଖ୍ୟାତି ଅର୍ଜନ କରିଛନ୍ତି ସେମାନଙ୍କ ଭିତରେ ଆମେରିରକାର କବି ଏଜ୍‌ରା ପାଉଣ୍ଡ୍ ପ୍ରଧାନ। ପାଉଣ୍ଡ୍ କବି ଏଲିୟଟ୍‌ଙ୍କ ପୂର୍ବବର୍ତ୍ତୀ। ବୟସରେ ମୋଟେ ତିନି ବର୍ଷ ବଡ଼ ହେଲେ ମଧ୍ୟ ସାହିତ୍ୟର ଗତାନୁଗତିକତାର ବନ୍ଧନ ଭାଙ୍ଗି ନୂତନ ଦିଗ୍‌ବଳୟ ଗଠନରେ ଏଲିୟଟ୍‌ଙ୍କ ବହୁ ଆଗରୁ ପାଉଣ୍ଡ୍ କାର୍ଯ୍ୟ ଆରମ୍ଭ କରି ଦେଇଥିଲେ। ଏହି ଅନୁବାଦ ଗ୍ରନ୍ଥରେ କବି ପାଉଣ୍ଡ୍‌ଙ୍କର ବିରାଟ ପ୍ରତିଭାର ସାମାନ୍ୟ ନିଦର୍ଶନ ଦେବାର ପ୍ରୟାସ କରାଯାଇଛି।

ପାଉଣ୍ଡ କବିତା, କାବ୍ୟ ଓ ବହୁ ପ୍ରବନ୍ଧ ଲେଖିଛନ୍ତି। ତାଙ୍କର ଲେଖା ମଧ୍ୟରେ କବିତା ପୁସ୍ତକ ପର୍ସୋନା, ଲଷ୍ଟ୍ରା, ରିପୋଷ୍ଟେସ୍, କାଥେ ଏବଂ କାବ୍ୟ "କ୍ୟାଣ୍ଟୋଜ" ପ୍ରଧାନ। ଏସବୁ ପୁସ୍ତକରେ ଯେଉଁସବୁ କବିତା ସନ୍ନିବେଶିତ ହୋଇଛି ତାହାହିଁ ତାଙ୍କର ଯୁଗାନ୍ତକାରୀ କବିତା ରୂପେ ବିଶ୍ୱ ସାହିତ୍ୟକୁ ସମୃଦ୍ଧ କରିଛି। ତାହାଙ୍କର କାବ୍ୟ "କ୍ୟାଣ୍ଟୋଜ୍" ଏକ ଅସାଧାରଣ ସୃଷ୍ଟି। ଗତାନୁଗତିକ କାବ୍ୟ ରୀତି ସହ ଏହାର କୌଣସି ସମ୍ପର୍କ ନାହିଁ। ଏଥିରେ ପ୍ଲଟ୍ ନାହିଁ କିମ୍ବା କୌଣସି ନିର୍ଦ୍ଦିଷ୍ଟ ନାୟକ ନାୟିକାର ଚରିତ୍ର ସୃଷ୍ଟି ନାହିଁ, କିମ୍ବା ତାହାକୁ ଆଶ୍ରୟ କରି କାବ୍ୟର ବିକାଶ ଘଟି ନାହିଁ। ଏହା କବିତାର ଏକ ପ୍ରବହମାନ ପ୍ରକାଶ। ଓଡ଼ିଆରେ ଏହାକୁ 'ପଦାବଳୀ' କହିବା ସମଧିକ ସଙ୍ଗତ ହେବ। କବି ଏଲିୟଟ୍ ଯେପରି ତାଙ୍କ କବିତାରେ ମାନବ ସଭ୍ୟତାର ବିଭିନ୍ନ ସମୟର ଘଟଣା ଏକ ସମୟରେ ସନ୍ନିବେଶିତ କରି ଏକ ଅପୂର୍ବ ମାନସିକ ବିକାଶର ପରିଚୟ ଦେଇଛନ୍ତି କବି ପାଉଣ୍ଡ୍ ସେହିପରି ତାଙ୍କର "କ୍ୟାଣ୍ଟୋଜ୍" ମଧ୍ୟରେ ମାନବ ଇତିହାସର ଏକ ପ୍ରଚ୍ଛନ୍ନ ବିକାଶ ଅତି ସୁଚତୁର ଏବଂ ଦକ୍ଷତାର ସହ ସମ୍ପୂର୍ଣ୍ଣ ଏକ ନୂତନ କଳାପୂର୍ଣ୍ଣ ଶୈଳୀରେ ପରିବେଷଣ କରିଛନ୍ତି।

ପାଉଣ୍ଡ୍‌ଙ୍କ ଅସାଧାରଣ ସୃଷ୍ଟି ଏହି "କ୍ୟାଣ୍ଟୋଜ୍" ମଧ୍ୟରୁ ଏଥିରେ ମାତ୍ର ଚାରୋଟିର ଅନୁବାଦ ପରିବେଷିତ ହୋଇଛି। ମୂଳ ଇଂରେଜୀ ରଚନାରେ ଏସବୁ ଲେଖା ଏପରି ଏକ ରହସ୍ୟମୟ ଆବେଷ୍ଟନୀ ସୃଷ୍ଟି କରିଛି ଯେ ଭାଷାନ୍ତର ଦ୍ୱାରା ତାହା କଦାପି ରକ୍ଷା କରାଯାଇ ପାରିବ ନାହିଁ। ପରନ୍ତୁ ବିଭିନ୍ନ କବିତା ଭଳି ଏହି କ୍ୟାଣ୍ଟୋଗୁଡ଼ିକରେ ମଧ୍ୟ ସ୍ଥଳ ବିଶେଷରେ ଲାଟିନ୍, ଫରାସୀ, ଗ୍ରୀକ୍, ଜର୍ମାନ, ଚୀନ, ଇଟାଲି ଓ ସ୍ପେନୀୟ ଭାଷା କବି ପ୍ରୟୋଗ କରିଛନ୍ତି। ସୁତରାଂ ଏସବୁ ବହୁ ଭାଷା ପ୍ରୟୋଗରୁ ବାଦ ପଡୁଥିବା କେତୋଟି କ୍ୟାଣ୍ଟୋ ମଧ୍ୟରୁ ଏ ପୁସ୍ତକରେ ଚାରୋଟି ଗ୍ରହଣ କରା ଯାଇଛି। ଅନ୍ୟଥା ବହୁ ଭାଷା ପ୍ରୟୋଗ ଦ୍ୱାରା ରଚନାର ବିଭାବ ସୃଷ୍ଟିରେ କବି ଯେଉଁ ତାତ୍ପର୍ଯ୍ୟ ତଥା ନିଜର ବୈଶିଷ୍ଟ୍ୟ ପ୍ରତିପାଦନ କରିଛନ୍ତି ତାହା ଅନୁବାଦରେ ସମ୍ଭବ ହୋଇ ପାରି ନଥାନ୍ତା।

କବି ପାଉଣ୍ଡ୍‌ଙ୍କ କବିତାଗୁଡ଼ିକ ଯେ ଏକାନ୍ତ ଭାବରେ ବୁଦ୍ଧିଜୀବୀ ତାହା ପ୍ରଥମେହିଁ ସ୍ୱୀକାର କରିବାକୁ ପଡ଼ିବ। ବୁଦ୍ଧିଶୀଳ ରଚନା ଭିତରେ ସେ କବିତାର ନୂତନ ସଂଜ୍ଞା ଏବଂ ଏକ ନୂତନ ଭାବବୋଧ ସୃଷ୍ଟି କରିଛନ୍ତି। କେତେକ ସ୍ଥାନରେ ଇଂରେଜୀ ସାହିତ୍ୟର ପୂର୍ବବର୍ତ୍ତୀ କବିମାନଙ୍କର ଅଲୋଚନା ଏବଂ ପ୍ରାଚୀନ ଗ୍ରୀକ୍ କାହାଣୀ ପ୍ରଭୃତିର ଉଲ୍ଲେଖ ତାଙ୍କ କବିତାକୁ ଅଳଙ୍କୃତ କରି ତାହାର ରସ ସୃଷ୍ଟିରେ ମଧ୍ୟ ସହାୟକ ହୋଇଛି। କିନ୍ତୁ ସେହି ରସ ସୃଷ୍ଟି ଅନେକ ସମୟରେ କବିତାକୁ ଦୁର୍ଜ୍ଞେୟ ଓ ଦୁର୍ବୋଧ ମଧ୍ୟ କରି ଦେଇଛି। ଅଧ୍ୟାପକ ହିଉ କେନେର୍‌ଙ୍କ ମତରେ ପ୍ରାଚୀନ କାହାଣୀବର୍ଣ୍ଣିତ ଅଂଶଗୁଡ଼ିକୁ ଜ୍ଞାନକୋଷ ସାହାଯ୍ୟରେ ବୋଧଗମ୍ୟ କରି ନିଆଯାଇପାରେ। କିନ୍ତୁ ତଦୂର୍ଦ୍ଧ୍ୱ ଦୁର୍ଜ୍ଞେୟତା ସକାଶେ ମାନସିକ ବୋଧଶକ୍ତିର ଆଶ୍ରୟ ଛଡ଼ା ଅନ୍ୟ ଉପାୟ ନାହିଁ। ଅଜଗୁବି ଭାବରେ ସ୍ଥଳ ବିଶେଷରେ ବ୍ୟକ୍ତିତ୍ୱ ଓ ଘଟଣାର ଉଲ୍ଲେଖ ପ୍ରକ୍ରିୟାରେ ଏଲିୟଟ୍ ମଧ୍ୟ ଅସନ୍ତୋଷ ପ୍ରକାଶ କରିଥିବାର ଦେଖାଯାଏ। ସେ ପାଉଣ୍ଡ୍‌କୁ ଲକ୍ଷ୍ୟ କରି କହିଛନ୍ତି, "ମୁଁ ତମକୁ ଆଗରୁ କହିଥିଲି ସେ ସାଧାରଣ ଯେଉଁ ବିଷୟ ଅବଗତ ନୁହନ୍ତି ତାହା ଉଲ୍ଲେଖ କରିବା ପୂର୍ବରୁ ଏକ ପ୍ରବନ୍ଧ ପ୍ରକାଶ କରିଦେବା ଉଚିତ। ତାହା ନ କରି ସେ ବିଷୟ ଲୋକେ ଜାଣିଛନ୍ତି ଭାବି ଧରି ନେଇ ତମେ ଯଦି ଲେଖିଯାଅ ତାହେଲେ ତାହା ବୁଝିବା ଅସମ୍ଭବ ହେବ।"

ରହସ୍ୟବାଦ ବା ଛାୟାବାଦ ପରେ ସାହିତ୍ୟରେ ଦୁର୍ଜ୍ଞେୟତା ସୃଷ୍ଟିରେ ପାଉଣ୍ଡ ଆଉ ଏଲିୟଟ ହେଉଛନ୍ତି ଶ୍ରେଷ୍ଠ ବିନ୍ଧାଣି। ଏହା ମଧ୍ୟ ଶୁଣା ଯାଇଛି ଯେ ଏଲିୟଟଙ୍କ ବିଶ୍ୱବିଖ୍ୟାତ 'ୱେଷ୍ଟ ଲାଣ୍ଡ' କବିତା ଗୁଚ୍ଛର ପାଣ୍ଡୁଲିପି ପାଉଣ୍ଡ୍‌ଙ୍କୁ ପଢ଼ି ଦେଖିଦେବା ପାଇଁ ନିଜେ ଏଲିୟଟ୍ ଦେଇଥିଲେ ଏବଂ ପାଉଣ୍ଡ ସେ ରଚନାର ପ୍ରାୟ ଅର୍ଦ୍ଧେକ ଅନାବଶ୍ୟକ ମନେ କରି କାଟି ଦେଇଥିଲେ। ମାତ୍ର ପରିଣାମରେ କବିତାଗୁଚ୍ଛର ସମସ୍ତ ଦରକାରୀ ଓ ଅଦରକାରୀ ରଚନା ଗୁଡ଼ିକ ପ୍ରକାଶ ପାଇବା ପରେ ତାହା ନୋବେଲ ପୁରସ୍କାର ପାଇବା ପାଇଁ ହକ୍‌ଦାର ହୋଇ ପାରିଥିଲା। ଏଥିରୁ ସାଧାରଣ ପାଠକଙ୍କ

ଅବସ୍ଥା କଣ ହେବ ତାହା ସହଜରେ ଅନୁମାନ କରାଯାଇ ପାରେ। ସ୍ଥୁଳତଃ, ସାହିତ୍ୟର ପ୍ରାଚୀନ ଧାରା ଭାଙ୍ଗି ଏହି ଯେଉଁ ନୂତନ ରୀତି ପ୍ରଚଳିତ ହେବାକୁ ଯାଉଛି ତାହା ସୁପ୍ରତିଷ୍ଠିତ ନ ହେବା ପର୍ଯ୍ୟନ୍ତ ତାହାର ଭାବ ଗ୍ରହଣରେ ତାରତମ୍ୟ ରହିଯିବା କିଛି ଅସ୍ୱାଭାବିକ ଘଟଣା ନୁହେଁ।

ବିଖ୍ୟାତ 'ୟୁଲିସିସ୍' ଉପନ୍ୟାସର ଲେଖକ ଜେମସ୍ ଜୟସ୍‌ଙ୍କ ପରି କବି ପାଉଣ୍ଡ୍ ତାଙ୍କ ରଚନାରେ ନାନା ଛୋଟ ବଡ଼ ଘଟଣାର ସମାବେଶ କରିଛନ୍ତି। ଜୟସ୍ ମାତ୍ର ଅଠର ଘଣ୍ଟା ସମୟ ଭିତରେ ଆବଦ୍ଧ ଥିବା ଘଟଣାର ଏହି ବିରାଟ ଉପନ୍ୟାସକୁ ଦୀର୍ଘ ସାତ ବର୍ଷ ଲାଗି ଲେଖିଥିଲେ ଓ ସେଥିରେ ନାନା କାହାଣୀ ଉପକଥା ଏବଂ ପ୍ରବଚନ ସମେତ ସମ୍ବାଦ ପତ୍ରରେ ପ୍ରକାଶିତ ବହୁ ସମସାମୟିକ ଘଟଣାର ସନ୍ନିବେଶ ମଧ୍ୟ କରିଛନ୍ତି। ସେହିପରି କବି ପାଉଣ୍ଡ, ନାନା ବିଷୟବସ୍ତୁର ସନ୍ନିବେଶରେ ତାଙ୍କ କାବ୍ୟ କବିତାକୁ ଉପଭୋଗ କରିଛନ୍ତି। ତଥାପି ଏହାର ପରିମାପ ଓ ଅନୁପାତ ଏପରି ମିତଚାର ଭିତରେ ଆବଦ୍ଧ ଯେ ସେଥିପାଇଁ ରସଗ୍ରହଣ ଲାଗି କଠୋର ଅନୁଶୀଳନ ଆବଶ୍ୟକ ହୋଇ ପଡ଼ିଥାଏ। "ମେକ୍ ଇଟ୍ ନିଉ" ପ୍ରବନ୍ଧ ପୁସ୍ତକରେ କବି ପାଉଣ୍ଡ ନିଜେ ଏ ସଂପର୍କରେ କହିଛନ୍ତି, "ଯାହା ଭାବ ବା ଅର୍ଥ ପ୍ରକାଶରେ କିଛି ହେଲେ ସହାୟକ ନ ହେବ ସେପରି କୌଣସି ଅତିରିକ୍ତ ଶବ୍ଦ କିମ୍ବା ବିଶେଷଣ ପ୍ରୟୋଗ କରି ନାହିଁ।" ଏହାପରେ କବିତାର ଦୁର୍ଜ୍ଞେୟତା ସମ୍ବନ୍ଧରେ ସେ ଯାହା କହିଛନ୍ତି ତାହା ମଧ୍ୟ ପ୍ରଣିଧାନ ଯୋଗ୍ୟ। ସେ କହିଛନ୍ତି, "ଅନ୍ୟ ଯେ କୌଣସି ବସ୍ତୁ ଭଳି ମୋ କବିତାରେ ଦୁର୍ଜ୍ଞେୟତା ଥିବା କଥା ମୁଁ ସ୍ୱୀକାର କରୁଛି। ମୋ ଚିନ୍ତାରେ ଏହା ସ୍ୱାଭାବିକ। ପ୍ରକୃତି ଭିତରେ ଏପରି କେତେକ ବର୍ଣ୍ଣ ରହିଛି ଯାହାକୁ ଫୁଟାଇବା ପାଇଁ ବଡ଼ ବଡ଼ ଚିତ୍ରକାରକମାନେ ଚେଷ୍ଟା କରି ମଧ୍ୟ ବିଫଳ ହୋଇଛନ୍ତି ଏବଂ ବର୍ଣ୍ଣ ପ୍ରତିଭାତକାରୀ ଆଲୋକଚିତ୍ର ମଧ୍ୟ ତାହା ଫୁଟାଇବାକୁ ଏ ପର୍ଯ୍ୟନ୍ତ ସମର୍ଥ ହୋଇପାରି ନାହିଁ। କାଗଜ ଉପରେ ପ୍ରତିଫଳିତ କରି ନ ପାରିଲେ ସତ୍ୟ ଯେ ଅସତ୍ୟ ହୋଇଯିବ ତାହାର କୌଣସି କାରଣ ନାହିଁ। ଯଥାର୍ଥ ଆଲୋକପାତ ଫଳରେ କେତେକ ବସ୍ତୁକୁ ନର-ନାରୀଙ୍କ ଦୃଷ୍ଟି ମଧ୍ୟକୁ ଅଣାଯାଇ ପାରିଥାଏ। ସେହିଭଳି ଉପଯୁକ୍ତ ଭାବରେ ଘଟଣାର ଆନୁକ୍ରମିକ ଆଲୋକପାତ ଦ୍ୱାରା ତାହା ଆମର ମାନସଗ୍ରାହ୍ୟ ହୋଇଥାଏ।

ପାଉଣ୍ଡ୍‌ଙ୍କ ମତେ ହେଲା "ବ୍ରେକ୍ ଦି ଟ୍ରାଡିସନ୍" ଅର୍ଥାତ୍ ଗଡ୍ଡ଼ାଳିକା ଗତିରେ ଚାଲୁଥିବା ପରମ୍ପରାକୁ ଭାଙ୍ଗ। ନିଜର ଏହି ମତକୁ ସମର୍ଥନ କରି ସେ "ସାଇନୋ" କବିତାରେ ଗାଇଛନ୍ତି-

ବାଃ! ତିନୋଟି ନଗରେ ମୁହିଁ
ଗାଇ ଅଛି ନାରୀର ସଙ୍ଗୀତ

ମାତ୍ର ସେ ସବୁ ସମାନ:

ଏବେ ମୁଁ ଗାଇବି ବସି ସୂର୍ଯ୍ୟର କବିତା।

କେବଳ ଇଂରେଜୀ ସାହିତ୍ୟରେ ନୁହେଁ, ପୃଥିବୀର ବିଭିନ୍ନ ଭାଷାର ସାହିତ୍ୟରେ ଗତାନୁଗତିକରେ ଯେଉଁ ନାରୀ-ଆଶ୍ରିତ ଚିନ୍ତାଧାରା ଚାଲିଛି ତାହାକୁ ଛିନ୍ନ କରି ନୂତନ କିଛି ଗାଇବା ପାଇଁ ଯେ କୌଣସି ଚିନ୍ତାଶୀଳ ଲେଖକ ଇଚ୍ଛା କରିବା ସ୍ୱାଭାବିକ। ଏଥିଯୋଗୁ ରୁଷିଆରେ ଦିନେ ମାୟାକୋଭସ୍କି ଗର୍ଜି ଉଠି ଖାଇବା ଟେବୁଲ ଉପରେ ଛୁରୀ ଆଉ କଣ୍ଟା ଚାମଚ ଦେଖି ଡରି ଉଠୁଥିବା ତରୁଣ କବିମାନଙ୍କୁ ତିରସ୍କାରର ବାଣୀ ଶୁଣେଇଥିଲେ।

ଏ କେବଳ ଗୋଟିଏ ଦିଗର କଥା। ନାରୀକୁ ଛାଡ଼ି ସୂର୍ଯ୍ୟର କବିତା ଗାଇଲେ କିମ୍ବା ଛୁରୀ ଚାମଚର ଭୟ ଛାଡ଼ି ବନ୍ଧୁକ ତରବାରୀ ଧଇଲେ ଯେ ଟ୍ରାଡ଼ିସନ୍ ବା ପରମ୍ପରା ଭାଙ୍ଗିବାର ବାଟ ଫିଟିଗଲା ଏପରି ବୁଝିବାର କିଛି କାରଣ ନାହିଁ। କାବ୍ୟ-କବିତାର ପରିବେଶ, ଶୈଳୀ, ଉପମା-ଉପମେୟ ଓ ଭାଷାର ବ୍ୟଞ୍ଜନା ସଂପୂର୍ଣ୍ଣ ରୂପେ ବଦଳାଇ ଦେବା ଏହି "ବ୍ରେକ୍ ଦି ଟ୍ରାଡ଼ିସନ" ମଟୋର ଅନ୍ତର୍ନିହିତ ଅର୍ଥ। ପାଉଣ୍ଡ ନିଜ ସାଧନାରେ ତାହାହିଁ କରିଛନ୍ତି। ଯୁଗ ପ୍ରବର୍ତ୍ତକ ମହାନ୍ ସ୍ରଷ୍ଟାମାନଙ୍କର ଏହା ହିଁ ଗୁଣ। କବିତାର ସେ ନୂତନ ଆଧାର ପ୍ରସ୍ତୁତ କରିବା ଫଳରେ ନୂତନ ଭାବ ଓ ନୂତନ ଉପମା ଅଳଙ୍କାର ମଧ୍ୟ ଆସି ଧରା ଦେଇଛି। "ଏ. ବି. ସି. ଅଫ୍ ରିଡ଼ିଂ" ପୁସ୍ତକରେ ପାଉଣ୍ଡ ପ୍ରକାଶ କରିଛନ୍ତି ଯେ ଛନ୍ଦ ହିଁ ଭାଷାର ସ୍ରଷ୍ଟା ଏବଂ ଭାଷା ଶକ୍ତିଶାଳୀ ହେବା ଫଳରେ ତାହାର ଭାବ ସମ୍ପଦ ମଧ୍ୟ ଶକ୍ତି ଲାଭ କରିଥାଏ।

କବିତା ରାଜ୍ୟରେ ପାଉଣ୍ଡ ଆଉ ଏଲିୟଟ୍ ଯେଉଁ ଆଲୋଡ଼ନ ସୃଷ୍ଟି କରି ସଂପୂର୍ଣ୍ଣ ଏକ ନୂତନ ଦିଗ୍‌ବଳୟ ଗଠନ କଲେ ତାହାକୁ ସାଧାରଣରେ ବୋଧଗମ୍ୟ କରାଇବା ପାଇଁ ବହୁ ସମାଲୋଚକ ବହୁ ଗ୍ରନ୍ଥ ରଚନା କରିଛନ୍ତି। ନିଜେ ଏଲିୟଟ୍ ମଧ୍ୟ ପାଉଣ୍ଡଙ୍କ କବିତାର ଏକ ଚୟନିକା ଉପରେ ଗବେଷଣାମୂଳକ ଏକ ମୁଖବନ୍ଧ ଲେଖିଛନ୍ତି ଏବଂ ଏହି ଓଡ଼ିଆ ଅନୁବାଦ ପାଇଁ ସେ ମଧ୍ୟ ଏକ ସ୍ୱତନ୍ତ୍ର ଭୂମିକା ଲେଖିଛନ୍ତି। ଅନ୍ୟମାନଙ୍କ ମଧ୍ୟରେ ଅଧ୍ୟାପକ ହିଉ କେନେରଙ୍କ "ଦି ପୋଏଟ୍ରି ଅଫ୍ ଏଜରା ପାଉଣ୍ଡ" ପୁସ୍ତକ ଅନୁଶୀଳନଯୋଗ୍ୟ। ସିଗ୍‌ମଣ୍ଡ ଫ୍ରଏଡ୍‌ଙ୍କ "ମନସ୍ତାତ୍ତ୍ୱିକ ତଥ୍ୟ" ଯେପରି ଜେମସ୍ ଜୟସ୍‌ଙ୍କ ଲେଖାର ଭିତ୍ତିଭୂମି ପ୍ରସ୍ତୁତ କରି ଦେଲା ସେହିପରି କୁମାରୀ ୱେଷ୍ଟନଙ୍କ ଲିଖିତ "ଫ୍ରମ୍ ରିଚୁୟାଲ ଟ ରୋମାନ୍‌ସ" ଓ ଫ୍ରେଜରଙ୍କ ପ୍ରଣୀତ "ଗୋଲ୍‌ଡେନ ବାଓ" ପୁସ୍ତକ ଏଲିୟଟ୍‌ଙ୍କ 'ଓଏଷ୍ଟ ଲାଣ୍ଡ' କବିତାଗୁଚ୍ଛ ପାଇଁ ଉପାଦାନ ଯୋଗାଇ ଦେଇଥିଲା। କିନ୍ତୁ ପାଉଣ୍ଡଙ୍କ କାବ୍ୟ ସଂପଦ ଆହୁରି ବ୍ୟାପକ ଭିତ୍ତିଭୂମି ଉପରେ ପ୍ରତିଷ୍ଠିତ। ତାଙ୍କର

ଭାବ ବିକାଶ ନିଖିଳ ମାନବ ସଂସ୍କୃତିର ଏକ ଜ୍ଞାନକୋଷ କହିଲେ ଅତ୍ୟୁକ୍ତି ହେବ ନାହିଁ। ଓଭିଡ୍, ହୋମର, ଭର୍ଜିଲ, ଦାନ୍ତେ, ଅରିଷ୍ଟଟଲ୍, କନ୍‌ଫୁସିଅସ୍, ଚସର, ଓ୍ୱାର୍ଡସଓ୍ୱାର୍ଥ, କଲେରିଜ୍, ଶେଲି, ରବର୍ଟ ବ୍ରାଉନିଂ, ସ୍ୱିନ୍‌ବର୍ଣ୍ଣ, ରସେଟି, ୟିଟ୍‌ସ୍, ଗ୍ଲାଡଷ୍ଟୋନ୍, ବୁଚାନନ୍ ଓ ପିକାସୋ ପ୍ରଭୃତି ଶିଳ୍ପୀ, ଦାର୍ଶନିକ, ଜନନେତା, କବି ଏବଂ କଳାକାରମାନଙ୍କ ପ୍ରେରଣାରେ ତାଙ୍କ କାବ୍ୟ କବିତା ରସବନ୍ତ ଓ ଅନବଦ୍ୟ ହୋଇ ଉଠିଛି। ଏହା ଛଡ଼ା ଚୈନିକ ସଂସ୍କୃତିର କ୍ରମବିକାଶ ତାଙ୍କ ଲେଖାରେ ଏକ ଅପୂର୍ବ ମାଧ୍ୟମ ସୃଷ୍ଟି କରିଛି।

ଜଣେ ଦକ୍ଷ ଅନୁବାଦକ ଭାବରେ ମଧ୍ୟ ପାଉଣ୍ଡ ପ୍ରତିଷ୍ଠା ଅର୍ଜନ କରିଛନ୍ତି। ଏହି ଅନୁବାଦ ଭିତରେ ନିଶି କିଗି, ହାଗୋରୋମୋ, କୁମାସାକା, କାଗି ଡ଼ୟୋ ପ୍ରଭୃତି ଜାପାନୀ ନାଟକ ଏବଂ କେତେକ ଚୀନ ଓ ଜାପାନୀ କବିତା ପ୍ରଧାନ। ଏହି ଚୟନିକାରେ ସେହି ସବୁ କବିତା ମଧ୍ୟରୁ କେତୋଟି ସନ୍ନିବେଶିତ ହୋଇଛି। ଏ ଗୁଡ଼ିକର ଭାବ ଓ ପରିବେଶ ପ୍ରାୟ ଭାରତୀୟ ପରିସ୍ଥିତିର ଅନୁକୂଳ ଏବଂ ତାହା ଏ ଦେଶର ପାଠକମାନଙ୍କ ପକ୍ଷରେ ଅଧିକ ଉପଭୋଗ୍ୟ ହେବ ବୋଲି ମୁଁ ଆଶା କରୁଛି। ଏହା ଉପରେ ଖ୍ରୀଷ୍ଟପୂର୍ବ ୧୧୦୦ ଓ ୧୪୦ ଏବଂ ୮ମ ଖ୍ରୀଷ୍ଟାବ୍ଦର କବିତା ରହିଛି। ପ୍ରାଚୀନତାର ପରିପ୍ରେକ୍ଷୀରେ ଏହା କବିତା ଗୁଡ଼ିକର ଐତିହାସିକ ମୂଲ୍ୟ ଗୁରୁତ୍ୱପୂର୍ଣ୍ଣ।

ଅନୂଦିତ କବିତାଗୁଡ଼ିକ ଭିତରେ କବିଙ୍କର ବିଭିନ୍ନ ଭାବ ବିକାଶର ଧାରାର ପରିଚୟ ଦେବା ପାଇଁ ଯଥାସାଧ୍ୟ ଯତ୍ନ କରାଯାଇଛି। କବିତାଗୁଡ଼ିକ ମଧ୍ୟରୁ 'ଲାଇଗଡ଼ାମ୍‌ସଙ୍କ ସହ ମତାନ୍ତର' କବିତାର କେତେକ ଅଂଶ ବାଦ ଦିଆଯାଇଥିଲେ ମଧ୍ୟ ତାହାର ଭାବସଂପଦ ଅବ୍ୟାହତ ରଖାଯାଇଛି।

ସାହିତ୍ୟର ନୂତନ ଧାରା ଗଠନ କରିବାରେ ପାଉଣ୍ଡ ଓ ଏଲିୟଟ୍ ପ୍ରମୁଖ ଦିଗ୍‌ପାଳମାନେ ଯେଉଁ ସୃଜନୀ ଶକ୍ତିର ପରିଚୟ ଦେଲେ ତାହା ବାସ୍ତବିକ୍ ଅନନ୍ୟସାଧାରଣ। କିନ୍ତୁ ନୂତନ ଧାରା ପ୍ରବର୍ତ୍ତନରେ ଏ ଦୁଇ କବିଙ୍କ ଭିତରେ ଏକନିଷ୍ଠା ଓ ଚିନ୍ତା ଦେଖା ଦେଇଥିଲେ ମଧ୍ୟ ଦୁହିଁଙ୍କର ରଚନା ପଦ୍ଧତି ପରସ୍ପରଠାରୁ ସଂପୂର୍ଣ୍ଣ ଭିନ୍ନ। ଏମାନଙ୍କଠ ବହୁ ପୂର୍ବରୁ ପ୍ରାୟ ୪୦ ବର୍ଷ ଆଗେ କବିତାର ପରମ୍ପରା ପରିବର୍ତ୍ତନ ପାଇଁ ପ୍ରଥମେ ଓ୍ୱାଲ୍‌ଟ ହିଟ୍‌ମ୍ୟାନ୍ କାର୍ଯ୍ୟ କରିଥିଲେ ବୋଲି କହିବାକୁ ହେବ।

ଏଲିୟଟ୍ ଯେପରି ସେକ୍‌ସପିୟର୍‌ଙ୍କୁ ଇଙ୍ଗିତ କରି କହିଛନ୍ତି :

"ଓ ହୋ ହୋ ହୋ ସେକ୍‌ସପିୟର୍‌ର ସେହି ଚିରା କନା
ତାହା ସତେ ଏତେ ସ୍ୱାଦ୍ୟ
ଏତେ ବୁଦ୍ଧିଶୀଳ।"

ସେହିପରି ପାଉଣ୍ଡ ମଧ୍ୟ ହ୍ୱିଟ୍‌ମ୍ୟାନ୍‌ଙ୍କ ପ୍ରତି ନିଜର ଅପ୍ରୀତି ଜନ୍ମିଥିବା ପ୍ରକାଶ କରିଛନ୍ତି। ହେଲେ ମଧ୍ୟ ହ୍ୱିଟ୍‌ମ୍ୟାନ୍ ଯେ ପ୍ରକୃତରେ ନୂତନ ଯୁଗର ସ୍ରଷ୍ଟା ତାହା ସେ ସ୍ୱୀକାର କରି କହିଛନ୍ତି-

"ତମେହିଁ କାଟିଛ କବି, ନୂତନ ପାଦପ,
କାରୁ ରଚନାର ପାଇଁ ଏବେ ତ ସମୟ"।

ସୁତରାଂ ଏହି ତିନି କବିଙ୍କର କୃତି ଉପରେ ଆମେ ଦୃଷ୍ଟି ନିକ୍ଷେପ କଲେ ଭିନ୍ନତା ସତ୍ତ୍ୱେ ସେମାନେ କିପରି ନୂତନ ଦାନ ଦେବାକୁ ସମର୍ଥ ହୋଇ ପାରିଛନ୍ତି ତାହା ସହଜରେ ବିଚାର କରି ପାରିବା।

"ଦେଖେ ମୁଁ ଅନାବିଷ୍କୃତ ଦେଶୁଁ ହୁଏ ବାଷ୍ପ ବିନିର୍ଗତ,
ଦେଖେ ମୁଁ ଅରଣ୍ୟ ଜାତି, ଧନୁ ଅଉ ଶର,
  ବିଷ-ଶଲ୍ୟ, ବୃକ୍ଷ-ଠାକୁରାଣୀ, ଡାଆଣୀ-କାଳିସୀ,
ଦେଖେ ମୁହିଁ ଆଫ୍ରିକା ଓ ଏସିଆର ସହର ବିପଣୀ,
ଦେଖେ ମୁହିଁ ଆଲଜିୟର୍ସ, ତ୍ରିପଲି, ଡର୍ନେ, ମାମାଡୋର,
  ଟିମ୍ବକ୍ଟୋ, ମନ୍‌ରୋଜିଆ ଭୂମି।
ଦେଖେ ମୁଁ ପେକିଂ, କ୍ୟାଣ୍ଟନ, ବନାରସ, ଦିଲ୍ଲୀ, କଲିକତା
  ଆଉ ଟୋକିଓରେ ଅଗଣିତ ଜନତାର ଭିଡ଼।

X X X

ଦେଖେ ମୁହିଁ ଦାସଗଣ ଖିଳ ପୃଥିବୀର, ଶ୍ରମରେ ନିରତ,
ଦେଖେ ମୁହିଁ କାରାଗୃହେ ସର୍ବ ବନ୍ଦୀଗଣେ,
ଦେଖେ ମୁହିଁ ଧରଣୀର ମାନବର ବିକଳ ଶରୀର,
  ଅନ୍ଧ, ଶ୍ରୁତିଶକ୍ତିହୀନ, ମୂକ ଓ ନିର୍ବୋଧ,
  କୁବ୍‌ଜ ପୃଷ୍ଠ, ବିକୃତ ମସ୍ତିଷ୍କ, ଜଳ ଦସ୍ୟୁ,
  ଚୌର, ପ୍ରତାରକ, ହତ୍ୟାକାରୀ, ଦାସ-ସୃଷ୍ଟିକାରୀ ପୃଥିବୀର,
  ନିରାଶ୍ରୟ ଶିଶୁଗଣ,
  ନିରାଶ୍ରିତ ନରନାରୀ ବାର୍ଦ୍ଧକ୍ୟ ପୀଡ଼ିତ।

X X X

"ଦେଖେ ମୁହିଁ ଶ୍ରେଣୀ ଆଉ ବର୍ଣ୍ଣ, ବର୍ବର ଓ ସୁସଭ୍ୟ ସମାଜ,
  ଯାଏ ମୁହିଁ ସକଳର ପାଶେ, ନିର୍ଭୟରେ ମିଶିଯାଏ ତହିଁ।
ପୃଥିବୀର ସର୍ବ ଜନେ କରେ ନମସ୍କାର।"

(ବିଶ୍ୱାତ୍ମନେ ନମଃ—ହ୍ୱିଟ୍‌ମ୍ୟାନ୍)

"ବୃଦ୍ଧ କୃଷକ, ଭ୍ରମଣକାରୀ ଆଉ ଶ୍ରମିକ, (ଯେତେ ଖଞ୍ଜା ଅକର୍ମଣ୍ୟ ହେଉ ପଛକେ କିମ୍ବା ବାଙ୍କି ଯାଉଥାଉ ତାର ଅଣ୍ଟା, ସେଥିରେ ଯାଏ-ଆସେ ନା କିଛି)।

ଝଡ଼ ବତାସ ଆଉ ଦୁର୍ଘଟଣା ଉପରୁ ବର୍ତ୍ତିଥିବା ବଡ଼ ବିପଜ୍ଜନକ
ଜଳ ଯାତ୍ରାର ପୁରାତନ ନାବିକ,
ଅଭିଯାନରେ ଆହତ ଓ ପରାଜିତ ହୋଇ କ୍ଷତ ଚିହ୍ନ ସହ
ଫେରିଥିବା ପୁରାତନ ସୈନିକ,
ସେମାନେ ଯେ ବଞ୍ଚିଛନ୍ତି ତାହାହିଁ ଯଥେଷ୍ଟ—
ସେମାନଙ୍କ ଦୀର୍ଘ ଜୀବନରେ ନାହିଁ ପଛଘୁଞ୍ଚା ଭାବ!
ସଂଗ୍ରାମ, ସାଧନା ଆଉ ପରୀକ୍ଷା ଭିତରୁ ଘଟିଅଛି—
ସେମାନଙ୍କର ଅଭ୍ୟୁତ୍‌ଥାନ
ସେହିମାନେ ପ୍ରକୃତ ବିଜୟୀ।"

(ବାସ୍ତବ ବିଜୟୀ—ହ୍ୱିଟ୍‌ମ୍ୟାନ୍)

"ହେ ସୂର୍ଯ୍ୟ, ହେ ଚନ୍ଦ୍ର, ଆହେ ତମେ ତାରାଗଣ,
  ଆହେ ତମେ ଶୁକ୍ର, ବୃହସ୍ପତି!
ହେ ତମେ ଦିବସ, ରାତ୍ରି, ଯାହା ମୋର ତମରି ସମୀପେ।
ଯାତ୍ରା, ଯାତ୍ରା ମୋର ଅତି ତୂର୍ଣ୍ଣେ! ଧମନୀରେ ରକ୍ତ ଜଳିଯାଏ!
ତରୀର ନଙ୍ଗର ତୋଳ! ଆତ୍ମା କର ଯାତ୍ରାର ଆରମ୍ଭ!
କାଟିଦିଅ ଜାହାଜର ରସି—ମଙ୍ଗ ବଦଳାଅ—
  ଟାଣିଦିଅ ସକଳ ଅଝାଳ।
ବହୁକାଳୁଁ ଆମେ ଏଠି ପାଦପର ସମ ଭୂମିପରେ
  ଆମେ ଖାଲି ହୋଇନୁ କି ଛିଡ଼ା?
କେବଳ ପଶୁର ସମ ଖାଇପିଇ ଏଠି ଅମେ କାଟିନୁ କି
  ଯଥେଷ୍ଟ ସମୟ?
ବହୁ କାଳାବଧି ଆମେ ଗ୍ରନ୍ଥ କୀଟ ହୋଇ ନିଜେ ନିକି
  କରି ନାହୁଁ ଅନ୍ଧୀଭୂତ, ମୂଢ଼?

X X X

ଯିବା ଆମେ ସେହି ଦୂର ପଥେ ଯେଉଁଠାକୁ ଯିବା ପାଇଁ
  କୌଣସି ନାବିକ କରିନାହିଁ ସାହସ ଅଦ୍ୟାପି।
ଏ ଜାହାଜ, ଏ ଜୀବନ, ସକଳ ସମ୍ପଦ ବଳି ଦାନ ଦେଇ
  ଆମେ ଯିବା ସେହି ପଥେ ଚାଲି।

(ଭାରତ-ଯାତ୍ରା—ହ୍ୱିଟ୍‌ମ୍ୟାନ)

ଏଥିରୁ ଦେଖାଯାଏ ଯେ ହ୍ୱିଟ୍‌ମ୍ୟାନ୍‌ଙ୍କ ପୂର୍ବରୁ କବିତା ରଚନାର ଏ ରୀତି କଦାପି ପ୍ରକାଶ ପାଇ ନ ଥିଲା। ଶୈଳୀ ଓ ଆଙ୍ଗିକର ପରିବର୍ତ୍ତନ ସଙ୍ଗେ ସଙ୍ଗେ ତାହାର ଭାବ ସମ୍ପଦ ମଧ୍ୟ ସମ୍ପୂର୍ଣ୍ଣ ନୂତନ ପାଲଟି ଯାଇଛି। ଏହା ପରେ ଏଲିୟଟ୍‌ଙ୍କ କବିତା ପଢ଼ିଲେ ଆମେ ନୂତନ ସାହିତ୍ୟର ଆଉ ଏକ ଅନବଦ୍ୟ ରସ ଉପଲବ୍‌ଧି କରୁ।

ଝରକାର କାଚ ଦେହେ ପିଠି ଘଷେ ହଳଦିଆ କୁହୁଡ଼ିର ସ୍ତର,
ଝରକାର କାଚ ଦେହେ ନାକ ଘଷେ ହଳଦିଆ ଧୂଆଁର କୁଣ୍ଡଳୀ
ଜିଭ ତାର ଚାଟିନିଏ ଏ ସନ୍ଧ୍ୟାର ପ୍ରତିକୋଣଯାକ,
ଅଳସରେ ନଇଁ ରହେ ନର୍ଦ୍ଦମା ଭିତରେ ଥିବା ବନ୍ଧ ଜଳାପରେ,
ଚେମିଣୀରୁ ଉଠୁଥିବା କଳା ଗୁଣ୍ଡପରେ ତାର ପାରିଦିଏ ପିଠି,
ଚାଳର ଧାଡ଼ିରୁ ଖସି, ଅକସ୍ମାତେ ଡେଇଁପଡ଼େ ଥରେ
ଦେଖି ଏହା ଶରତର କୋମଳ ରଜନୀ
ଘରର ମଥାନ ଦେଇ ଥରେଟି ଭଉଁରୀ, ଶୋଇପଡ଼େ ପୁଣି।

(ଆଲ୍‌ଫ୍ରେଡ୍ ପ୍ରୁ ଫ୍ରକ୍‌ଙ୍କ ପ୍ରେମ ସଙ୍ଗୀତ—ଏଲିୟଟ୍)

ଗଙ୍ଗା ଶୁଖିଲା ପଡ଼ିଛି, ଗଛପତ୍ର ନିର୍ଜୀବ ନିଷ୍ପ୍ରଭ
ବହିଅଛି ବର୍ଷା ପ୍ରତୀକ୍ଷାରେ, କଳା ମେଘମାଳା
ଘୋଟିଅଛି ବହୁ ଦୂରେ, ହିମବନ୍ତପରେ।
ନିଶ୍ଚଳ ଅରଣ୍ୟ ନୀରବରେ ନ୍ୟୁନ ହୋଇଅଛି।
ସେତେବେଳେ ବଜ୍ର ଦିଏ ଡାକ
ଦ
ଦତ୍ତ : କଣ ଦାନ କରିଛୁ ଆମେ ?
ହେ ମୋହର ବନ୍ଧୁ, ରକ୍ତ ମୋର ଛାତି ଚହଲାଏ
ମୁହୂର୍ତ୍ତକ ଆତ୍ମସମର୍ପଣତାର ସାହସିକ କାର୍ଯ୍ୟ
ବିଚାରଣା ଗୋଟିଏ ଯୁଗର ପ୍ରତ୍ୟାହାର ନ କରେ ଯାହାକୁ
ତାହା ଯୋଗୁ, ତାହା ଯୋଗୁ ଖାଲି, ଆମେ ତିଷ୍ଠିଅଛୁ
ଯାହାର ନ ମିଳେ ଦେଖା ଆମ ରଖା ମୃତ୍ୟୁ ତାଲିକାରେ
କିମ୍ବା ବୁଢ଼ିଆଣୀ ଜାଲ ପରି ବୁଣା ସ୍ମୃତିର କୋଠିରେ
କିମ୍ବା ଆଇନର ନିଷ୍ଠ ଉପଦେଷ୍ଟା ଭାଙ୍ଗିଥିବା ଜଉମୁଦ ତଳେ
ଶୂନ୍ୟ ଆମ କକ୍ଷର ଭିତରେ।

(ଉଏଷ୍ଟଲାଣ୍ଡ୍—ଏଲିୟଟ୍)

ଆମର ପାର୍ଥିବ ଜୀବନର ଛନ୍ଦ ଆଲୋକ ଯୋଗୁ କ୍ଳାନ୍ତ ହୁଏ।
ଯେତେବେଳେ ଦିନ ଶେଷ ହୁଏ, ଶେଷ ହୁଏ ଖେଳ ସେଥିରେ
ଆନନ୍ଦ ପାଉ ଏବଂ ଅନିର୍ବଚନୀୟ ସୁଖ ହୁଏ ଗଭୀର
ଯନ୍ତ୍ରଣାଦାୟକ।
ଆମେ ଶିଶୁ ଶୀଘ୍ର କ୍ଳାନ୍ତ ହୋଇପଡୁ : ହାବେଳି ଫୁଟିଲା ପରି
ପିଲାମାନେ ରାତିରେ ଜାଗନ୍ତି ଆଉ ଶୁଅନ୍ତି; ଆଉ
ଖେଳିବା କିମ୍ବା କାମ କରିବା ପାଇଁ ଦିନ ହୁଏ ଦୀର୍ଘ।
ବିରକ୍ତି ଆଉ ଅନୁରକ୍ତି ଉଭୟରେ ଆମେ କ୍ଳାନ୍ତ,
ଶୋଉ ଏବଂ ଶୋଇବାକୁ ସୁଖ ପାଇଥାଉ ଆମେ,
ଦିବସ ଓ ରାତ୍ରି ଏବଂ ଋତୁ ଚକ୍ର ଓ ରକ୍ତର ଛନ୍ଦରେ ଆମେ ସଂଯତ।
ଦୀପ ନିର୍ବାଣ କରିଦେବୁ ଆମେ, ନିଭେଇ ଦେବୁ ଆଲୋକ
ଏବଂ ତାହାକୁ ପୁଣି ପ୍ରଜ୍ଜ୍ୱଳିତ କରିଦେବୁ;
ଆଲୋକର ନିର୍ବାପନ ଆଉ ପ୍ରଜ୍ଜ୍ୱଳନ ଆମର ଚିରନ୍ତନ ଧର୍ମ।

(ପାହାଡ଼ ନାଟକ—ଏଲିୟଟ୍)

ଭାଙ୍ଗ ନାହିଁ ହଠାତ୍ ଡାଳଟି, କିମ୍ବା
ଦେଖିବାକୁ କରିନାହିଁ ଆଶା
ଶ୍ୱେତ କୂପ ଅନ୍ତରାଳେ ଶ୍ୱେତ ହରିଣକୁ।
ବର୍ଚ୍ଛା ନୁହେଁ, କଟାକ୍ଷ ଫେରାଅ, ଉଚ୍ଚାରଣ କର ନାହିଁ
ପୁରୁଣା ମୋହନ ମନ୍ତ୍ର। ତାକୁ ଶୋଇବାକୁ ଦିଅ।
ଧୀରେ ବୁଡ଼ିଯାଅ, କିନ୍ତୁ ଯାଅ ନାହିଁ ଅତି ଗଭୀରକୁ,
ଆଖି ଟେକି ଦେଖ
ରାଜପଥ ନଇଁଛି ସେଠାରେ ଆଉ ପୁଣି ଉଠିଛି ଯେଉଁଠି
ସେହିଠାରେ କର ଅନ୍ୱେଷଣ
ଧୂସର ଆଲୋକ ନାହିଁ ମିଶିଯାଏ ସବୁଜ ପବନେ
ତପସ୍ୱୀର ତପୋବନେ, ତୀର୍ଥଙ୍କର-ପ୍ରାର୍ଥନା-ଗୁଞ୍ଜନେ।

(ଉଏଷ୍ଟଲାଣ୍ଡ୍—ଏଲିୟଟ୍)

ଏହାପରେ ଏଜରା ପାଉଣ୍ଡ୍‌ଙ୍କ କବିତାରେ ଆମେ ପାଉ ଆହୁରି ଭିନ୍ନ ନୂତନତାର ସ୍ପର୍ଶ।

"କଜ୍ଜ୍ୱଳ ନୟନା,
ନାରୀ ତମେ ମୋ ସ୍ୱପ୍ନର ଆଗୋ,

ଗଜଦନ୍ତ ପାଦୁକା ଶୋଭିତା,
ନୃତ୍ୟ କାରିଣୀର ଦଳେ ତମ ଭଳି ନାହିଁ କେହି ଆନ,
ନୁହେ କେହି ତମ ଭଳି ଚଞ୍ଚଳ ଚରଣା।
ତମକୁ ମୁଁ ଦେଖିନାହିଁ ତମ୍ବୁବାସେ କାହିଁ,
ଦେଖିନାହଁ ପ୍ରାଗୁଷାର ଖଣ୍ଡିତ ଅନ୍ଧାରେ
କୂପମୂଳେ ଦେଖି ନାହିଁ ତମକୁ ମୁଁ କେବେ
କୁମ୍ଭ କକ୍ଷେ ଜଳାର୍ଥିନୀ ରମଣୀର ଦଳେ।
ବଲ୍‌କଳାଚ୍ଛାଦିତ ଶିଶୁ ପାଦପର ସମ ବାହୁ ବେନି ତବ।
ଆଲୋକରେ ଉଦ୍ଭାସିତ ତରଙ୍ଗିଣୀ ଭଳି ତମରି ମୁଖଟି।"

(ନୃତ୍ୟ ପ୍ରତିମା)

"ହେ ଦେବତା ଆପୋଲୋ ଉଜ୍ଜ୍ୱଳ,
ଆମର ଏ ପଦଯାତ୍ରା ପଥେ
ତମ ହାସ୍ୟ ହେଉ ଆମ ଭ୍ରମଣ-ସଙ୍ଗୀତ;
ତମରି ଆଲୋକ ରେଖା ବାହିନେଉ ରଥେ
ମେଘ ଓ ବର୍ଷାର ଅଶ୍ରୁ ହୋଇଯାଉ ତୂର୍ଣ୍ଣେ ତିରୋହିତ।
ସୂର୍ଯ୍ୟର ଉଦ୍ୟାନେ ଯାଏ ଅଚିହ୍ନିତ ଯେ ନୂତନ ପଥ
ସଦା ଯେହ୍ନେ ମୁହଁ ତାର କରଇ ସନ୍ଧାନ...
ତିନୋଟି ନଗର ମୁହିଁ ଗାଇଅଛି ନାରୀର ସଙ୍ଗୀତ
ମାତ୍ର ସେ ସବୁ ସମାନ
ଗାଇବି ମୁଁ ଗୀତ ଏବେ ଶ୍ୱେତ ବିହଙ୍ଗର
ଭାସେ ଯାହା ଆକାଶର ନୀଳ ଜଳଧିରେ,
ମେଘ ସବୁ ଜଳକଣା ସେହି ସାଗରର।"

(ସାଇନୋ)

"ଯଦି ସେ ବାଳିକା ଚାଳି ଗଜଦନ୍ତ ଅଙ୍ଗୁଳି ତାହାର
ବୀଣା ତାର ତୋଳି ଦିଏ ସ୍ୱରର ମୂର୍ଚ୍ଛନା,
ଆମେ ରହୁ ଚାହିଁ ତାର ହସ୍ତ ସାଧନରେ।
କିପରି ସ୍ୱଚ୍ଛନ୍ଦେ ଚଳେ ତା ଅଙ୍ଗୁଳିଜାଳ; ଯଦିଚ
କୁନ୍ତଳ ରାଣୀ କପୋଳେ ତା ବିଶୃଙ୍ଖଳେ ଖେଳେ।
ରଞ୍ଜିତ ସୁଷମା ଭରି ତନୁରେ ତାହାର ଯେବେ ସିଏ ଚାଲିଯାଏ
ସାଗରିକା ଲତାର ବିଭାସେ,

ଖେଳି ଯାଏ ଶତ ଶତ ସ୍ୱପ୍ନର କାହାଣୀ,
ଆଖିର ପଲକ ତାର ଯଦି ହୁଏ ତନ୍ଦ୍ରାରେ ଅଳସ,
କବିର ମାନସେ ଜାଗେ ନୂତନ କଳ୍ପନା;
ନିଚୋଳ ଉତ୍ତାରି ଦେଇ ଯଦି ସିଏ ମୋ ସଙ୍ଗେ ଖେଳନ୍ତା
ଲେଖି ଦ୍ୟନ୍ତୁ ଆମେ କେତେ କାବ୍ୟ-ଇଲିଅଡ।
ଯାହା ସିଏ କରୁ ଆଉ କହୁନା ପଛକେ,
ବିନା ଉପାଦାନେ ଆମେ ରଚି ଦେବୁ ଦୀର୍ଘସୂତ୍ରରାଶି।
ଭାଗ୍ୟ ମୋତେ ଏହିଭଳି ଦେଇଅଛି ଦାନ, ଆଉ ଯଦି,
ମେସେନାସ ଭଳି,
ହୋଇଥାନ୍ତି ମୁଁ ସମର୍ଥ ବର୍ମଧାରୀ ବୀରଗଣେ
ରଣେ ଚାଳିବାକୁ, ମୁଁ କରନ୍ତି ନାହିଁ।
ଅଥବା ସେ ଅଲିମ୍ପସ୍ ପର୍ବତ ଆରୋହୀ
ଓସା କିମ୍ବା ଟାଇଟାନ୍‌ଗଣର ଜୟଗାନ ନ କରନ୍ତି ମୁହିଁ,
ପେଲୀଅନ୍‌ର ଶୀଳାବନ୍ଧ ପଥ,
କିମ୍ବା ଥିବଜ୍ ସହରର ପ୍ରାଚୀନ ଗୌରବ, ପେର୍ଗାମସ୍ ସହରରେ
ହୋମରର ଖ୍ୟାତି,
ଜର୍କେସର ଦ୍ୱିରାଜ୍ୟର ଯଶ, ରେମୁସ୍ ଅଫ୍ ରାଜକୀୟ
ପରିବାର ତାର,
ମହନୀୟ ଗୁଣରାଶି କାର୍ଥେଜବାସୀର,
ଉଏଲସ୍‌ର ଖଣିଜ ସମ୍ପଦ ଆଉ ତାର ଲାଭ ଅଧିକାରୀ
ମାରୁସ୍-କାହାଣୀ ବସି ମୁଁ ଗାଆନ୍ତି ନାହିଁ।"

(ଲାଇଗ୍ ଡାମସ୍‌ଙ୍କ ସହ ମତାନ୍ତର)

ଏହି ତିନି ଯୁଗ ପ୍ରବର୍ତ୍ତକ କବିଙ୍କର ଏଠାରେ ଯେଉଁ ତୁଳନାତ୍ମକ ଆଲୋଚନା କରାଗଲା ସେଥିରୁ କବିତା ସମ୍ବନ୍ଧରେ ଆମର ଏହି ଧାରଣା ନିଶ୍ଚିତ ହୋଇଯାଏ ଯେ "ବାକ୍ୟଂ ରସାତ୍ମକଂ କାବ୍ୟଂ।" ବହୁ ପୂର୍ବରୁ ଏ ମାଟିର ଜଣେ ଦୂରଦର୍ଶୀ ସମାଲୋଚକ ବିଶ୍ୱନାଥ କବିରାଜ କାବ୍ୟ ଓ କବିତାର ସଂଜ୍ଞା ନିରୂପଣ ଏପରି ଉଦାର ଭାବରେ କରିଯାଇଥିବା ଏକାନ୍ତ ଗର୍ବର ବିଷୟ। ସେହି ଦୃଷ୍ଟିରେ ଆମେ ପରମ୍ପରାକୁ ଭାଙ୍ଗି ଯେତେ ଇଚ୍ଛା ନୂତନତା ସୃଷ୍ଟି କରିବାକୁ କାର୍ଯ୍ୟ କଲେ ମଧ୍ୟ ଦୋଷୀ ହୋଇ ପାରିବା ନାହିଁ। ଏଥିପାଇଁ ଦେଶରେ ସାମାଜିକ ସଚେତନତା ମଧ୍ୟ ଜାଗିବା ଉଚିତ। ତା ନ ହେଲେ ସକଳ ନୂତନ ସାଧନା କେବଳ ସାଧନାରେ ହିଁ ଆବଦ୍ଧ ରହିଯିବ ଓ ତାହାର ସାମାଜିକ ଉପଯୋଗ ବିଡ଼ମ୍ବିତ ହୋଇ

ରହିବ। ଆଉ ମଧ୍ୟ ମନେ ରଖିବାକୁ ହେବ ଯେ ନୂତନତା ନାମରେ ଆମେ ଯେପରି ସାହିତ୍ୟରେ କେବଳ ଆବର୍ଜନା ଆହରଣ କରି ନ ବସୁଁ। ନୂତନତା ଭିତରେ ସ୍ୱକୀୟତା ରକ୍ଷା ଏବଂ ବିବର୍ତ୍ତନ ଚକ୍ରରେ ସାହିତ୍ୟର କ୍ରମୋତ୍କର୍ଷ ସାଧନ ମଧ୍ୟ ଆମର ଲକ୍ଷ୍ୟ ହେବା ଉଚିତ। ତାହା ଫଳରେ ଯେଉଁ ସାହିତ୍ୟରଥୀମାନେ ପ୍ରାଚୀନ ପରମ୍ପରା ଭାଙ୍ଗି ଆଜି ସାହିତ୍ୟର ନୂତନ ପରମ୍ପରା ଗଢ଼ିଛନ୍ତି ଆମେ ସେମାନଙ୍କୁ ମଧ୍ୟ ଦିନେ ଅତିକ୍ରମ କରି ଯାଇ ପାରିବା। ଏହାହିଁ ପ୍ରଗତିର ପ୍ରକୃତ ମାର୍ଗ ଓ ଯୁଗର ଆହ୍ୱାନ।

ଏହା ଆଗରୁ ଓଡ଼ିଶାର ରସପିପାସୁ ପାଠକ-ପାଠିକାଙ୍କୁ ମୁଁ ଏହି ତିନି ସାହିତ୍ୟରଥୀଙ୍କ ମଧ୍ୟରୁ ଏଲିୟଟ୍ ଓ ହ୍ୱିଟ୍‌ମ୍ୟାନ୍‌ଙ୍କ କବିତାର ଅନୁବାଦ ପରିବେଷଣ କରିଥିଲି। ବର୍ତ୍ତମାନ କବି ଏଜରା ପାଉଣ୍ଡଙ୍କୁ ଓଡ଼ିଆ କବିତା ମାଧ୍ୟମରେ ସେମାନଙ୍କ ସହ ପରିଚିତ କରାଇ ପାରିଥିବାରୁ ଆନନ୍ଦ ଅନୁଭବ କରୁଛି।

ଏପର୍ଯ୍ୟନ୍ତ ଅନ୍ୟ କୌଣସି ଭାରତୀୟ ଭାଷାରେ କବି ପାଉଣ୍ଡ୍‌ଙ୍କ କବିତା ସଞ୍ଚୟନ ପ୍ରକାଶ ପାଇ ନାହିଁ। ଏପରି ଏକ ଯୁଗ ସ୍ରଷ୍ଟାଙ୍କ କବିତା ସଞ୍ଚୟନ ସର୍ବ ପ୍ରଥମେ ଓଡ଼ିଆ ଭାଷାରେ ପ୍ରକାଶ ପାଇବା ଦ୍ୱାରା ଓଡ଼ିଆ ଅନୁବାଦ ସାହିତ୍ୟ ଯେ ଏକ ଗୌରବାବହ ପରିପୁଷ୍ଟି ଲାଭ କଲା ତାହା ଅନସ୍ୱୀକାର୍ଯ୍ୟ। ବିଭିନ୍ନ ଭାବାଧାରାର ସଂଘାତରେ ଆଜି ବିଶ୍ୱସାହିତ୍ୟ ଯେପରି ଋଦ୍ଧିମନ୍ତ ହୋଇଛି ସାଧାରଣ ଓଡ଼ିଆ ପାଠକଙ୍କୁ ତାହାର ଅନୁଭବୀ କରାଇବା ଏ ସବୁ ଅନୁବାଦର ଅସଲ ଲକ୍ଷ୍ୟ। ତାହା ସାଧିତ ହେଲେ ମୋର ପ୍ରଚେଷ୍ଟା ସାର୍ଥକ ହେବ।

ଜ୍ଞାନୀନ୍ଦ୍ର ବର୍ମା

୨୨-୬-୫୮

ନି ର୍ଦ୍ଦେ ଶ ନୀ

ପଦାବଳୀ—୧	୨୯	Canto I
ପଦାବଳୀ—୫୩	୩୪	Canto XLIX
ପଦାବଳୀ—୬୯	୪୧	Canto LIII
ସାଇନୋ	୪୪	Cino
ଶ୍ୱେତ ହରିଣ	୪୭	The White Stag
ସମାଧି	୪୮	The Tomb of Akr Caar
ଉତ୍ପ୍ରେକ୍ଷା	୫୦	Tenzone
ଚନ୍ଦ୍ରଶାଳା	୫୧	The Garret
ପ୍ରଣତି	୫୨	Salutation
ଚୁକ୍ତି	୫୩	A Pact
ନୃତ୍ୟ ପ୍ରତିମା	୫୪	Dance Figure
କବିତା ପ୍ରତି	୫୬	Ite
ମୋକ୍ଷାଭିଳାଷୀ	୭୫	Salvationists
ଧ୍ୟାନ	୫୮	Meditatio
ଆଲ୍‌ବା	୫୮	Alba
ଶ୍ଳୋକ	୪୮	Coda
ରତି	୫୯	Coitus
ସଂଘର୍ଷ	୫୯	The Encounter
ଚା ଦୋକାନ	୬୦	The Tea Shop
ଏକାନ୍ତ କାମନା	୬୧	The Lake Isle
ସମାଧିଲିପି	୬୨	Epitaphs
		Song of the

ତୀରନ୍ଦାଜର ବିଳାପ	୬୩	Bowmen of Shu
ଯୁଦ୍ଧର ଆଗମ :		The Coming of War :
ଆକ୍‌ଟେଅନ୍‌	୬୫	Actaeon
ଆଲ୍‌ବା	୬୬	Alba from "Langue d'Oc"
ମନୋହର ପରିବେଶ	୬୬	The Beautiful Toilet
ସାଧବ ବୋହୂର ଚିଠି	୬୭	The River-merchant's Wife: A Letter
ନିର୍ବାସିତର ପତ୍ର	୬୯	Exile's Letter
ବନ୍ଧୁ ବିଦାୟ	୭୪	Taking Leave of a Friend
ରାଗୁ	୭୫	A Ballad of the Mulberry Road
ମନସ୍ତାତ୍ତ୍ୱିକ ମୁହୂର୍ତ	୭୬	Villanelle: The Psychological Hour
ଶ୍ରୀନିକ୍‌ସନ	୭୮	Mr. Nixon
ଲାଇଗ୍‌ଡାମସ୍‌ଙ୍କ ସହ ମତାନ୍ତର	୮୨	Difference of Opinion with Lygdamus
ସୌହାର୍ଦ୍ଦ୍ୟ	୯୬	Amities
ପଦାବଳୀ—୩୮	୯୭	Canto XXXVIII

ପଦାବଳୀ—୧

ଆଉ ତାହା ପରେ ଆମେ ଗଲୁ ଜାହାଜକୁ,
ତରଙ୍ଗ ଭିତରେ ଦେଲୁ ଜାହାଜ ଚଳାଇ,
ପବିତ୍ର ସେ ସମୁଦ୍ର ବକ୍ଷରେ, ପୁଣି
ମାସ୍ତୁଲ ଖଞ୍ଜିଲୁ ଆଉ ଟାଣିଲୁ ଅଝାଲ
ସେହି ମଳିନ ଜାହାଜେ,
ମେଣ୍ଢା ଖଟାଇଲୁ ତାର ପଟାତନ ପରେ, ଥାପିଲୁ
ନିଜର ଦେହ
ହୋଇଥିଲା କ୍ରନ୍ଦନରେ ଭରା କ୍ଳାନ୍ତ ଯାହା, ଜାହାଜର ପଛର ଗଗନ
ଅଝାଲର ପେଟକୁ ଫୁଲାଇ ଉତ୍ତାଳ ତରଙ୍ଗମାନେ
ଘେନିଗଲା ଆଗକୁ ଆଗକୁ
ସୁସଜ୍ଜିତ ଶିରସ୍ତାଣ ଯୁତା
ଇନ୍ଦ୍ରଜାଲ ଅଧିଷ୍ଠାତ୍ରୀ ସାର୍ସ ଦେବୀଙ୍କର
ସେହି ତରୀଗୋଟି।
ଉପରେ ବସିଲୁ ଆମେ ତରୀ ମଧ୍ୟଭାଗେ,
ପବନରେ ସୁକାନୀଟା ଚାପି ରହୁଥାଏ,
ସେହିପରି ଫୁଲଉଠା ଅଝାଲର ସହ
ସମୁଦ୍ର ବକ୍ଷରେ ଗଲୁ ଦିନ ଶେଷଯାଏ,
ସୂର୍ଯ୍ୟ ହେଲା ତନ୍ଦ୍ରାରେ ଆତୁର ସକଳ—
ସାଗରପରେ ଖେଳିଗଲା ଛାୟା।
ଆସିଲୁ ତା ପରେ ଆମେ ସୁଗଭୀର ଜଳେ,
ନିକଟେ ରହିଲା ପଡ଼ି କିମ୍ମେରିଆନ ଭୂମି,
ଆଉ ଜନପୂର୍ଣ୍ଣ ଅନେକ ନଗର

କୁଜ୍‌ଝଟିର ଜାଲେ ଯାହା ହୋଇଛି ଆଚ୍ଛନ୍ନ,
ସୂର୍ଯ୍ୟରଶ୍ମି ଯାହା କେବେ ଭେଦ କରିନାହିଁ
ସେ ଆକାଶେ ପଡ଼ି ନାହିଁ କେବେ ହେଲେ
ତାରକାର ତେଜ, ତଳକୁ ଚାହିଁନି ଫେରି
କେବେହେଲେ ନକ୍ଷତ୍ର ଗୋଟିଏ
ନିବିଡ଼ ତମସାବୃତ୍ତ ରାତ୍ରି ରହେ ଘେରି
ସେ ଭୂମିର ଅଧିବାସୀ ସେ ଅଧମ ଜନେ।
ଫେରିଲା ସାଗର ସ୍ରୋତ ପୁନଶ୍ଚ ଉଜାଣି,
ଐନ୍ଦ୍ରଜାଲିକା ସେ ଦେବୀ ସାର୍ସିଙ୍କ କଥିତ
ପୂର୍ବର ବର୍ଣ୍ଣିତ ସ୍ଥାନେ ଆସିଗଲୁ ଫେରି।
ଏହିଠାରେ ପେରିମିଡ଼ସ୍ ଆଉ ଏଉରିଲୋକ୍‌ସ
ପୂଜାପାଠ, ପିଣ୍ଡଦାନ କରିଲେ ସଂପନ୍ନ
କମର ବନ୍ଧରୁ କରି ଅସି ନିଷ୍କାସନ
ଆଡ଼ ଦୀର୍ଘେ ତିନି ହାତେ ଖୋଲିଲି ମୁଁ ଗର୍ତ୍ତ ବର୍ଗାକାର
ପ୍ରତି ମୃତ ବ୍ୟକ୍ତିପାଇଁ ମଦ୍ୟ ଢାଳି
କରିଲୁ ତର୍ପଣ,
ପ୍ରଥମେ ଢାଳିଲୁ ଆମେ ମଧୁର ପାନୀୟ,
ତାହାପରେ ସୁମଧୁର ସୁରା,
ଛତୁରେ ମିଶାଇ ଜଳ କରିଲୁ ଅର୍ପଣ।
ରୋଗ ଭୋଗି ଯେଉଁମାନେ ତେଜିଛନ୍ତି ପ୍ରାଣ
ତତ୍ପରେ କରିଲି ତାଙ୍କୁ ପ୍ରଭୂତ ପ୍ରାର୍ଥନା;
ଇଥାକାରେ ଥିବାମତେ, ଶ୍ରେଷ୍ଠ ବନ୍ଧ୍ୟ ବୃଷ
ବଳି ଦାନ ପାଇଁ ବିଭିନ୍ନ ଦ୍ରବ୍ୟରେ କଲି ଚିତାର ପ୍ରସ୍ତୁତି
ଟିରେସିଆସ୍ ପାଇଁ ଦେଲି ମେଣ୍ଢାଟିଏ ବଳି,
କଳା ମେଣ୍ଢା, ବେକେ ତାର ଘଣ୍ଟି।
କଳା ରକ୍ତ ବହି ଗଲା ସେ ଗର୍ତ୍ତ ଭିତରେ।
ନରକରୁ ପ୍ରେତାତ୍ମା ଉଠିଲା, କୁତ୍ସିତ ଯେ ମୃତ,
ଆତ୍ମା ଦେଲା ଦେଖା କେତେ ପକ୍ଷୀ ବିହଙ୍ଗର
କେତେ କେତେ ଯୁବକ ଓ ବୃଦ୍ଧ ଆତ୍ମା ଉଠିଲା ଉଭାସି
ପରିଶ୍ରାନ୍ତ ରୂପ ଧରି ତହିଁ।

ସଦ୍ୟ ଲୋତକରେ କିଏ ହୋଇଛି ମଳିନ, କୋମଳ
ବୟସୀ କେତେ ବାଳିକାର ଆତ୍ମା ।
କେତେ କେତେ ନର, ଧାତବ ବର୍ଚ୍ଛାର ମୁନେ
ବକ୍ଷ ବିକ୍ଷତ ତାଙ୍କର ।
ରଣ ଭଙ୍ଗ କରି ଯିଏ ଆସିଥିଲେ ଫେରି
ଏବେ ମଧ୍ୟ ବାହୁ ତାଙ୍କ ରହିଛି ବିକଳ,
ସକଳେ ରହିଲେ ଘେରି ମୋର ଚାରିପାଖେ;
ଚିତ୍କାର ସକଳେ କଲେ
ବିବର୍ଣ୍ଣ ମୁଖରେ, ଆହୁତି ଦେବାକୁ ବଳି
ମୋର ସାଥୀଜନେ;
ପଶୁ ଯୂଥ ହାଣି ଦିଅ ବଳି, ମେଣ୍ଢା ହାଣ ଧାତବ ଅସ୍ତ୍ରରେ
ରକ୍ତ ଦିଅ ଢାଳି, ପାତାଳର ଦେବତା ସେ
ପ୍ଲୁଟୋଙ୍କୁ ଡାକିଲେ, ସ୍ତୁତିଗାନ
କଲେ ସିଏ ପ୍ରୋସ୍‌ରପାଇନ୍‌ଙ୍କର;
କୋଷମୁକ୍ତ କରି ମୋ ଛୁରିକା
ବସିଗଲି, ଦୁଷ୍ଟ ସେହି ଜୀବ ମୃତଗଣେ
ଦୂରେ ରଖିବାକୁ
ଟିରେସିଆସ୍ ବାଣୀ ମୁହିଁ ଶୁଣିବାର ଯାଏ ।
କିନ୍ତୁ ଏଲ୍‌ପେନୋର୍ ଆସିଲା ପ୍ରଥମେ,
ଆମରି ସେ ବନ୍ଧୁ ଏଲ୍‌ପେନୋର୍,
ଶବ ତାର ହୋଇ ନାହିଁ ପୋତା, ପଡ଼ିଅଛି ମୁକ୍ତ
ବସୁଧାରେ ।
ସାର୍ସଙ୍କ ମନ୍ଦିରରେ ଆମେ ଅବୟବ ତାର ଯେଉଁ
ଫିଙ୍ଗି ଆସିଥିଲୁ
ଅଶୋଚିତ, ଅନାବୃତ୍ତ ହୋଇ ରହିଛି ସମାଧି
ଭୂମେ ଆଜି ଯାଏ ତାହା ।
କୃପାଳୁ ପ୍ରେତାତ୍ମା ଏକ ତ୍ୱରା ମୁହିଁ ଚିତ୍କାର କହିଲି !
"ଏଲ୍‌ପେନୋର୍, ଅନ୍ଧକାର ଏହି ଠାବେ ତମେ
ଆସିଲ କିପରି ?

ସବୁ ନାବିକଙ୍କୁ ଟପି ତମେ ଆସିଛ କି ଚାଲି ?"
କହିଲା ସେ ଦୁଃଖର କାହାଣୀ :
"ଦୁର୍ଭାଗ୍ୟ ଓ ମଦର ପ୍ରାଚୁର୍ଯ୍ୟ। ସାର୍ସିଙ୍କ
ମନ୍ଦିରର ଅଗ୍ନିକୁଣ୍ଡ ସ୍ଥଳେ
ଶୋଇଥିଲି ମୁହିଁ।
"ଦୀର୍ଘ ଏକ ସିଡ଼ିରେ ମୁଁ ତଳେ ଗଲି ଖସି
କେହି ମତେ ଦେଖିବାକୁ ନାହିଁ।
"ବାହାର ବେଢ଼ାର ଖୁଣ୍ଟେ ପିଟି ହୋଇଗଲି,
"ଗ୍ରୀବା ସହ ନାଡ଼ୀ ଶୀରା ଛେଚି ହୋଇ ଖଣ୍ଡ ଖଣ୍ଡ ହେଲା,
ଆତ୍ମା ମୋ ଚାଲିଲା ତପ୍ତ ବୈତରଣୀ ମୁଖେ।
"କିନ୍ତୁ ହେ ରାଜନ, ମତେ ଆଣ ସ୍ମରଣର ପଥେ,
ଅଶୋଚିତ, ଅସତ୍‌କୃତ ହୋଇ
ମୁହିଁ ପଡ଼ିଅଛି,
"ଅଙ୍ଗ ମୋର ଠୁଳ କର, ସମୁଦ୍ରର ଧାରେ ମତେ
ଦିଅ ହେ ସମାଧି, ଲେଖିଦିଅ ତହିଁ :
"ଅଭାଗା ଏଠାରେ ଏକ ରହିଅଛି ଶୋଇ,
ନାମ ମଧ୍ୟ ନାହିଁ ତାର କିଛି।
"ଆଉ ଆହୁଲାଟା ମୋର ଉଚ୍ଚେ
ତହିଁ ଖଞ୍ଜି ରଖ, ଯାହା ମୁହିଁ ସଙ୍ଗୀଜନ—
ମଧ୍ୟସ୍ଥଳେ ଦେଉଥିଲି ଚାଳି"

ତାହାପରେ ଆସିଲା ଆଣ୍ଟିକ୍ଲ,
ତାରେ ମୁହିଁ ଦେଲି ଘଉଡ଼ାଇ,
ଟିରେସିଆସ୍ ଥିବା ଆସିଲା ତତ୍ପରେ,
ହସ୍ତେ ତାର ସ୍ୱର୍ଣ୍ଣ ଯାଦୁ-ଦଣ୍ଡ, ଜାଣିଥିଲା ସିଏ
ମତେ, ତେଣୁ କହିଲା ପ୍ରଥମେ :
"କ୍ଷଣକର ପାଇଁ ? କାହିଁକି ଡାକିଲ ? ମୁଁ ଦୁର୍ଭାଗା ଜନ,
"ନିରାନନ୍ଦମୟ ଏହି ସୂର୍ଯ୍ୟହୀନ ମୃତ ଅଞ୍ଚଳରେ
କିପାଁ ମୁହାଁଇଲ ?

"ପିଣ୍ଡଦାନ ସ୍ଥଳର ଏ କୁଣ୍ଡରୁ ମୁଁ କହେ,
ଦିଅ ମୋର ରକ୍ତାକ୍ତ ପାନୀୟ
"ଶୁଣ ମୋର ଭବିଷ୍ୟତ ବାଣୀ।"
ଏହା ଶୁଣି ପାଦ ମୁହିଁ ପଛେ ଫେରାଇଲି,
ରକ୍ତ ପିଇ ସେ ହୋଇ ସବଳ,
କହିଲା ତା ପରେ : "ଓଡିଷିଅସ୍"
"ଫେରିବ ସେ ଦୁରାଶୟ ଜଳାଧିପ ନେପଚୁନ୍ ମଧ୍ୟରେ,
ଘନ କୃଷ୍ଣ ସାଗର ବକ୍ଷରେ,
"ହରାଇବ ସବୁ ସାଙ୍ଗ ସାଥୀ।"
ତାହାପରେ ଆସିଲା ଆଣ୍ଟିକ୍ଲ।
ଓ୍ୱେଚେଲିର ବିପଣୀରେ ଥିଲା, ୧୫୩୮,
ହୋମରଙ୍କ ପୂର୍ବବର୍ତ୍ତୀ କାଳେ।
ଯାଇଥିଲା ସେ ଜାହାଜ ବାହି, ଅମଙ୍ଗଳା
ଦେବୀ ସେହି ସାଇରେନ୍ସ, ମନ୍ଦିର ଦେଇ,
ତାହାପରେ ଦୂରେ, ଆହୁରି ଦୂରକୁ
ସାସ ଦେବୀଯାଏ।
ଭେନେରାଣ୍ଡମ୍
କ୍ରଟ୍ ଭାଷା ବାକ୍ୟାଂଶରେ କହିବାକୁ ହେଲେ
ପ୍ରେମର ଦେବୀ ସେ ତାଙ୍କ ଆଫ୍ରୋଡାଇଟ୍ ନାମ
ସୁନାର ମୁକୁଟ ଶିରେ, ସୁନାର ମେଖଳା
ସ୍ତନ ଯୁଗେ ସୁନାର ବନ୍ଧନୀ।
ଘନକୃଷ୍ଣ ଆଖିର ପଲକ,
ହସ୍ତେ ତାଙ୍କ ସୁବର୍ଣ୍ଣର ପାତ୍ର।

ପଦାବଳୀ—୫୩

ଲୋକଙ୍କୁ ଡ଼ାଳ ଭାଙ୍ଗିବା ଶିଖେଇଲା ଯିଓଉଁ
ସିଉ ଗିନ୍ ବିପଣି ବସେଇଲା ଆଉ
ଶିଖେଇଲା ପଣ୍ୟ ବିନିମୟ,
ଶିଖେଇଲା ଦଉଡ଼ିକୁ ଗଣ୍ଠି କରିବା
ଫାଉ ହିଁ ଲୋକଙ୍କୁ ଯ' ଅମଳ କରିବା
ଶିଖେଇଲା
ଖ୍ରୀଷ୍ଟ ପୂର୍ବ ୨୮୩୭ରେ।
ଶକ୍ତ ପଥର କାନ୍ଥର ମଝିରେ ଉଞ୍ଚ
ସାଇପ୍ରେସ୍ ଗଛର ତଳେ ସେହି ଲୋକର
ସମାଧି ଯେଉଁଠି ଅଛି ଲୋକେ ଏବେ
ମଧ୍ୟ ତା' ଜାଣନ୍ତି।"
ଟନ୍ ନଙ୍ଗ୍ କହିଲା ପଞ୍ଚ ଶସ୍ୟର ନାମ
ଗହମ, ଧାନ ଓ ମକା,
ବାଦାମ ଓ ଚଣା,
ଆଉ ଲଙ୍ଗଳ ତିଆରି କଲା, ଚାଲିଲା ତା
ପାଞ୍ଚହଜାର ବର୍ଷ
ତା ପରେ ରାଜଧାନୀ ଉଠେଇ ନେଲା—
କିଓ-ପିଓଉ-ହିନ୍‌ଠାକୁ
ଦିନ ଦି'ପହରେ ଖୋଲିଲା ବଜାର
'ଯାହା ଆମର ଏଠି ନାହିଁ ତାହା ଆଣ'
ପ୍ରସ୍ତୁତ କଲା ଉଦ୍ଭିଦ-ତାଲିକା,

ପକ୍ଷୀ ଯିବା ବାଟର ସଙ୍କେତ ଧରି
ସୋଉଆନ ଧରିଲା ପନ୍ଦରଟା ବାଘ
ହୋଆଙ୍ଗ ଟି ଇଟା ତିଆରି ଉଦ୍ଭାବନ କଲା
ଆଉ ତାର ସ୍ତ୍ରୀ ଆରମ୍ଭ କଲା ରେଶମ—
ପୋକର ଚାଷ,
ହୋଆଙ୍ଗ ଟି ସମୟରେ
ଟଙ୍କା ହେଲା ପ୍ରଚୁର।
ସଙ୍ଗୀତର ସୁର ଯୋଜନା ପାଇଁ ସେ ସ୍ଥିର କଲା
ବୀଣା ଯନ୍ତ୍ର ତାରର ପରିମାପ,
ଛବିଶ (ଅର୍ଥାତ୍) ଖ୍ରୀଷ୍ଟ ପୂର୍ବ ଏଗାର ଶତକରେ
ଚାରିଜଣ ସ୍ତ୍ରୀ ଆଉ ୨୫ଜଣ ପୁରୁଷ
ଏହା ଶିକ୍ଷା କରି ପାରିଥିଲେ
ଆଜି କିଆଓ-ଚାନଠାରେ
ଅଛି ତାର ସମାଧି
ଟି କୋ ନିଜର ଗୁଣୀ ଲୋକମାନଙ୍କୁ
ସଙ୍ଗୀତରେ ଉପଯୁକ୍ତ ଶବ୍ଦ ଯୋଜନା ପାଇଁ
ନିଯୁକ୍ତ କରିଥିଲା
ତାର ସମାଧି ରହିଛି ଟୁଙ୍ଗ କିଓଉଠାରେ
ଖ୍ରୀଷ୍ଟ ପୂର୍ବ ପଞ୍ଚବିଂଶତି ଶତାବ୍ଦିରେ
ସୂର୍ଯ୍ୟ ଆଉ ବର୍ଷା ପରେ ୟାଓ
ଦେଖିଥିଲା ଅୟନ ସନ୍ଧିରେ କେଉଁ
ନକ୍ଷତ୍ର ରହିଛି
ବସନ୍ତର ସମାଗମ କେଉଁ ତାରା
ଦିଅଇ ସଂକେତ ତାହା ଦେଖିଥିଲା
ୟୁ, ଜଳର ଅଧିପ,
କୃଷ୍ଣ ମୃତ୍ତିକାରେ ଅଛି ଉର୍ବରତା,
ଶାଟୁଙ୍ଗ ଆଉ ଆମାସରୁ
ଏ ପର୍ଯ୍ୟନ୍ତ ପ୍ରଦେଶମାନଙ୍କୁ ଆସୁଛି
ଜଙ୍ଗଲଜାତ ରେଶମ,

ଉତ୍ପନ୍ନ ଦ୍ରବ୍ୟର ଦଶମାଂଶର ମୂଲ୍ୟ
ରାଜଭାଗ ଦେବାକୁ ପଡ଼ିବ ।
ସଉ-ଚେଉ ପ୍ରଦେଶକୁ ଦେବାପାଇଁ ହେବ
ବସୁଧାର ପାଞ୍ଚଟି ଜିନିଷ
ଗିରିମୟୁ ୟୁ-ଚାନର ମୁଗଧକର ସ୍ୱାଦୁମୟ ଫଳ
ୟୁ-ଚାନ୍‌କୁ ଦେବାପାଇଁ ହେବ ପୁଣି ସେହି ଅରଣ୍ୟର
ପକ୍ୱ ଉଦୁମ୍ବର
ସେ-ଚୋଇ ସ୍ରୋତସ୍ୱିନୀର ବାଜେଣି ପଥର
ଆଉ ସିଙ୍ଗ-ମୋ ନାମ ଖ୍ୟାତ ଯେଉଁ ଘାସ
ଆକାଶର ସୂର୍ଯ୍ୟ ଆଉ ତାରାଗଣେ
କରି ପ୍ରଧାବିତ
ଚାଙ୍ଗ ଟି କୁ ଚୁନ୍ ଶକ୍ତି ଯୋଗାଇବ

ଯାଓ 堯
ଚୁନ୍ 舜 କାଓ-ୟାଓ 皋陶
ୟୁ 禹

ବର୍ଷ ବର୍ଷ ବ୍ୟାପୀ ନ ମିଳିଲା ଜଳର ଦର୍ଶନ,
ଚିଙ୍ଗ ଟାଙ୍ଗ ସମ୍ରାଟଙ୍କ ଶାସନ କାଳରେ
ଥରେହେଲେ ବୃଷ୍ଟି ନାହିଁ ହେଲା
ଶସ୍ୟର ଅଭାବ ହେଲା, ମୂଲ୍ୟ ଗଲା ବଢ଼ି
ତେଣୁ ଖ୍ରୀଷ୍ଟ ପୂର୍ବ ୧୭୬୬ ଶତାବ୍ଦୀରେ
ଚିଙ୍ଗ ଟାଙ୍ଗ ତମ୍ବାଖଣି ରାଜ୍ୟରେ ଖୋଲିଲେ
ମଧ୍ୟସ୍ଥଳେ ଚତୁଷ୍କୋଣୀ ଛିଦ୍ର ରଖି ନିର୍ମାଣିଲେ ପାତ୍ର
ଦେଲେ ସେ ଲୋକଙ୍କୁ

ଯେଉଁଠାରେ ଅଛି ଶସ୍ୟ
ତାହା ଯୋଗେ ଶସ୍ୟରାଶି କିଣି ଆଣିବାକୁ
ଶୂନ୍ୟ ହେଲା ଶସ୍ୟ ସବୁ
ଖଣିମାନଙ୍କରୁ
ସାତ ବର୍ଷ କାଳ ପଡ଼ିଲା ମରୁଡ଼ି
ଚିଙ୍ଗ୍ ଯାଇ ପାହାଡ଼ ଉପରେ କରିଲେ ପ୍ରାର୍ଥନା
ଆଉ ନିଜ ସ୍ନାହାନକୁଣ୍ଡରେ
ଲେଖିଦେଲେ **"ନୂଆ କରି ଗଢ଼"**।
ଦିନୁଦିନ ନୂଆକରି ଗଢ଼
କାଟି ଜମାକର ସବୁ ଗଛଗୁଳ୍ମ କାଠି
ଲାଗିଯାଅ ପରିମାଣ ବୃଦ୍ଧି କରିବାରେ।
ଶହେ ବର୍ଷ ବୟସରେ ମରିଗଲେ ଚିଙ୍ଗ୍,
ଶାସନର ୧୩ଶ ବର୍ଷରେ।
"ଜାଗିଅଛୁ ଆମେ, ହୋଇଅଛୁ
'ହିଆ'ର ପତନ।

新
日
日
新

ଅସଂଯତ ନାରୀ ପ୍ରେମ
ଅସଂଯତ ଧନର ଲାଳସା,
ପାରିଧି ଓ ସାମରିକ ବାସନା ଊର୍ଦ୍ଧ୍ୱରେ
ଚ୍ୟାଙ୍ଗ ଟି କେବଳ ରହି
କରିଲେ ଶାସନ,
ଟ୍ୟାଙ୍ଗ୍ ନୋହି ପ୍ରଶଂସା କାତର :
ଲୋକଙ୍କର ହାଡ଼ଭଙ୍ଗା ଶ୍ରମର ବିଚାର
କର ତମେ ସିଂହାସନେ ଯଦି ଚାହଁ ସୁସ୍ଥେ ବସିବାକୁ।

ଏହିପରି ଅବସ୍ଥା ଭିତରେ କ୍ୟାଙ୍ଗ ହେଲେ
ଦେଶର ସମ୍ରାଟ।
ପାଟଳ ଗ୍ରୀବା କେଶରରେ ସୁଷମିତ
ଶୁଭ୍ର ଅଶ୍ୱଯୂଥ ପ୍ରାସାଦ ପ୍ରାଙ୍ଗଣେ
ହ୍ରେଷାରବ କଲେ।

"ଚେଓଉର-ସମର୍ଥକ ମୁହିଁ"
କନଫୁସିୟସ୍ ଉଚାରିଲେ ବାଣୀ
କନଫୁସିୟୁସ୍ କଣ୍ଠେ ଶୁଭେ ସ୍ୱର
"ଶାସନ ବିଧିରେ ଅଟେ ମୁହିଁ
ଚେଓଈ ପୋଷକ।
ଓ୍ୱେନ-ଓ୍ୟାଙ୍ଗ ଆଉ ଓ୍ୱୁ-ଓ୍ୟାଙ୍ଗଙ୍କ
ପାଶେଥିଲେ ବିଜ୍ଞ ବ୍ୟକ୍ତିଦଳ ଦୁର୍ଦ୍ଦାନ୍ତ
ଭଲ୍ଲୁକର ପରି
ଯୁବକ ସେ କ୍ୟାଙ୍ଗ-ଓ୍ୟାଙ୍ଗ କହଇ ବଚନ
ଶାନ୍ତି ପ୍ରତିଷ୍ଠାରେ ମୋତେ—
କରହେ ସାହାଯ୍ୟ।
ତମରି ପୂର୍ବ ପୁରୁଷ ଏକ ପରେ ଏକ
ଆମରି ଶାସନ ପରି
ଆମରି ଏ ଶାସନକୁ ନେଇଥିଲେ ମାନି।
ବନ୍ଦୋବସ୍ତ କାର୍ଯ୍ୟ ପାଇଁ ଚାଓ-କଙ୍ଗ
ରହିବେ ନମସ୍ୟ।
୩୦୦୦ ବର୍ଷ ପାଇଁ ନାମ ତାଙ୍କ ଦୀର୍ଘଜୀବୀ ହେଉ
ପ୍ରତ୍ୟେକର ଶ୍ରମପାଇଁ ଦେଇଥିଲେ ପ୍ରତ୍ୟେକଙ୍କୁ ଜମି
ଚାଷଜମି ନୁହଁଇ କେବଳ
ରେଶମ ପୋକ ପାଳିବାର ପାଇଁ
ଗବ ଗଛ ବଣ ସିଏ କରିଥିଲେ ସୃଷ୍ଟି
ସାମୟିକ ବିକାକିଣା ପାଇଁ ଗଢ଼ିଲେ ବଜାର
ବୈଦେଶିକ ମୁଦ୍ରାର ଆଗମ ହୋଇଲା ପ୍ରଚୁର।
ଶୂନ୍ୟ ହେଲା କାରାଗାର ସବୁ।
"ୟାଓ ଏବଂ ଚନ୍ ଆସିଛନ୍ତି ଫେରି"
ଗାଇଲେ କୃଷକ
"ଶାନ୍ତି ଓ ପ୍ରାଚୁର୍ଯ୍ୟ ଫଳେ ଆସିଛି ସାଧୁତା" ମୁହିଁ
ଚେରଉ-ସମର୍ଥକ
ପାଞ୍ଚଶ ବରଷ ପରେ କନ୍‌ଫୁସିୟସ୍ କଣ୍ଠେ ଶୁଭେ ଭାଷା।
ଦୃଷ୍ଟି ରଖି ଏହି ଯୁଗ ପ୍ରତି।

ତାହାପରେ କଙ୍ଗଫୁସିଉ ହେଲେ ମନ୍ତ୍ରୀ ଆଉ
ଟି. ସି. ମାଓ ବିରୁଦ୍ଧରେ ଚଳାଇଲେ ତୂର୍ଣ୍ଣ ଅଭିଯାନ
ଶିରଚ୍ଛେଦ କଲେ ତାହାଙ୍କର
ମିଥ୍ୟା ସେ ଘଟଣା ଆଉ ହୃଦ ପ୍ରବଞ୍ଚନା
କର୍କଶ ଜିହ୍ୱା ସେ ଏକ ଧୂର୍ତ୍ତତାରେ ପୂର୍ଣ୍ଣ
କୁକର୍ମ ଯେ ଭୁଲି ନାହିଁ ପାରେ କରେ ସିଏ
ସେ କାର୍ଯ୍ୟ ସାଧନ ଆତ୍ମତୁଷ୍ଟ ହୋଇ।
ଲାଓର ଉତ୍‌ଥାନ ହେଲା। ତାର ଧ୍ୱଂସପାଇଁ ସି
ପଠାଇଲା ବାଳିକାର ଦଳ
କଙ୍ଗଫୁସିଉ ଅବସର ନେଲା
ଚିଙ୍ଗଠାରେ କହିଲା କେ ଜଣେ :
ପୂର୍ବର ତୋରଣମୁଖେ ବୁଲିଅଛି ଲୋକ
ମସ୍ତକ ତା "ୟାଓ" ପରି
ଗଳା ତାର "କାଓର" ସଦୃଶ
"ସି—ଚିନ୍" ଭଳି ସ୍କନ୍ଧ ବେନି ତାର
ଢେଙ୍ଗା ହେବ "ୟୁ" ଭଳି ସିଏ
ପ୍ରଭୁକୁ ହରାଇଥିବା କୁକୁରର ଭଳି
ଅବିଶ୍ରାନ୍ତ ଘୂରେ।
ମିଥ୍ୟା କଥା, କହେ କନ୍‌ଫୁସିୟସ୍
ପୂର୍ବର ସେ ସମ୍ରାଟଙ୍କ ବିଷୟରେ ଯାହା
କହିଛନ୍ତି ତାହା ସବୁ ଭୁଲ,
କିନ୍ତୁ ନଷ୍ଟ ହୋଇଥିବା ସେହି କୁକୁରର
ବିଷୟ ସେ କହିଛନ୍ତି ଯାହା, ତା ସମ୍ପୂର୍ଣ୍ଣ ସତ।
ତ୍‌ଚିନ ଠାରେ ସାତଦିନ ରହିଲେ ସେ ଖାଦ୍ୟହୀନ ହୋଇ
ତାପରେ ଅସୁସ୍ଥ ଆଉ କୁଙ୍ଗ୍
କରି ବାଦିକ୍ର ସଂଯୋଗ
ଗାଇଥିଲେ ଅନେକ ସଙ୍ଗୀତ
ପ୍ରିୟ ସେହି ସିଙ୍ଗ ପି ଙ୍କୁ ଦିଅ ଧନ୍ୟବାଦ

ତ୍‌ଚିନ୍ ଆଉ ତ୍‌ସାଇ ମରୁଭୂମି ପରେ
କୁଙ୍ଗ ଙ୍କର ଶିରଚ୍ଛେଦ କଲେ
ଆଉ ଏକାକୀ ସେ ଚେଓଉ ସୈନ୍ୟଦଳ ବହିଷ୍କାର
କରିଥିଲେ ତାଙ୍କୁ
୨୫ ପୁରୁଷ ପରେ ହେଲା ଯାଇ
ସାଓର ପତନ
ଆଉ କୁଙ୍ଗ ୩୦୦୦ କବିତାରୁ କାଟି ସାରା କଲେ ୩୦୦ କବିତା
ୟିଙ୍ଗ୍ ନକ୍ଷତ୍ରଠାରୁ ସିନ୍ ନକ୍ଷତ୍ର ଯାଏ
ଆସିଥିଲା ଧୂମକେତୁ ଖସି, ଅତିଶୟ ଦୀର୍ଘ
ରାଜା ଓଆଙ୍ଗ୍‌ଙ୍କର ୪୦ତମ ବର୍ଷରେ
ବର୍ଷ ବୟସରେ ମରିଗଲେ କୁଙ୍ଗ୍
...ଖ୍ରୀଷ୍ଟ ପୂର୍ବ ୪୭୯
ଏହିପରି କୁଙ୍ଗ୍ କିମ୍ବା କନ୍‌ଫୁସିଅସ୍ ଆଉ
'ହିଲ୍‌ଥିକ୍' ତାଙ୍କ ପିତା
ଯେତେବେଳେ କରୁଥିଲେ ସିଏ ଏକ ନଗ୍ର ଆକ୍ରମଣ
ତାହାଙ୍କ ପକ୍ଷର ଲୋକ ଟେକାଥିବା ଫାଟକର ତଳେ ଗଳି ରହିଗଲେ
ଆଉ ଜଗୁଆଳି ଦେଲେ ଯେବେ ଦରଜା ପକାଇ,
ହିଲ୍‌ଅକ୍ ସମ୍ଭାଳିଲେ
ସ୍କନ୍ଧପରେ ସହିଲେ ସେ ସବୁଯାକ ଭାରା, ଜଣ ଜଣ
କରି ସକଳେ ହେବାର ଯାଏ ସେ ଫାଟକ ପାର।
ଏହିଭଳି ଶକ୍ତି ଥିଲା କୁଙ୍ଗ୍ ଫୁତ୍‌ସୁ ବଂଶର।

ପଦାବଳୀ—୬୯

ସାତଟି ହ୍ରଦର ପାଇଁ ଲେଖା ଏ କବିତା,
ଲେଖି ନାହିଁ ମଣିଷ ଏହାକୁ:
ବର୍ଷା, ଶୂନ୍ୟ ନଦୀ, ଜଳ ଯାତ୍ରା ଏକ,
ଅଗ୍ନି ଝରେ ଘନୀଭୂତ ମେଘର ଦେହରୁ,
ଘୋରବର୍ଷା ଗୋଧୂଳି କାଳରେ
କୋଠରୀର ଛାତିତଳେ ଗୋଟିଏ ଲଣ୍ଠନ।
ନଡ଼ା ସବୁ ହୋଇଅଛି ଭାରୀ, ହୋଇଛି ଆନତ;
କଥା କହେ ଚାଳର ବାଉଁଶ
ଯେମିତି ସେ କାନ୍ଦୁଅଛି ବସି:
ଶରତର ଚନ୍ଦ୍ର;
ପାହାଡ଼ ଟେକୁଛି ମୁଣ୍ଡ ହ୍ରଦର ଆଡ଼କୁ
ସୂର୍ଯ୍ୟାସ୍ତର ପ୍ରତିମୂଖେ ରହି
ମେଘର ପରଦା ଭଳି ସଂଧ୍ୟା ଦେଖା ଯାଏ,
ଲହରୀ ମାଳାର ପରେ କାଳିମାର ସ୍ତର,
ଆଉ ତାହାରି ଭିତରେ
ଦାରୁଚିନି ଦୀର୍ଘ ଶୀଷା ଉଠିଅଛି ଫୁଟି,
ପତ୍ରଦଳେ ଉଠୁଅଛି ମଧୁର ରାଗିଣୀ।
ସନ୍ନ୍ୟାସର ଘଣ୍ଟା ବାଜେ ପାହାଡ଼ ପଛରେ
ପବନରେ ଶବ୍ଦ ଭରି ଯାଏ।

ବୈଶାଖ ମାସରେ ଯାଏ ଭାସି ଏଠି ପୋତ;
ଆଶ୍ୱିନରେ ହୁଏତ ଫେରିବ

ରଜତ ବର୍ଣ୍ଣରେ ଧୀରେ ନିଭିଯାଏ ତରୀ;
ନଦୀ ପରେ ଏକା ଖାଲି ସୂର୍ଯ୍ୟ ଅଗ୍ନି ଢାଳେ ।
ମଦ୍ୟ ଭଳି ଲାଲ୍ ଧ୍ୱଜା
ସୂର୍ଯ୍ୟାସ୍ତକୁ ଆମନ୍ତ୍ରି ଆଣଇ,
ବିରଳ ଚେମିଣି ଧୂଆଁ ଖେଳି ଯାଏ
ଆଲୋକର ପ୍ରତିଘାତ ମେଳେ
ତାପରେ ନଦୀରେ ପଡ଼େ ବରଫର ସ୍ତର
ଆଉ ପୃଥ୍ୱୀ ଏକ ଭରିଯାଏ ଅକର୍ମଣ୍ୟତାରେ
ଛୋଟ ଡଙ୍ଗା ଜଳେ ଭାସେ ଲଟକଣ ଭଳି,
ପ୍ରବାହିତ ଜଳ ହିମ ଲାଗି ହୁଏ ଘନୀଭୂତ ।
ସାନ ୟିନ୍ ଠାରେ ଲୋକଙ୍କର
ଅବକାଶ ବଢ଼େ
ବଣ୍ୟ ହଂସ ଦଳ ଆସି ଝାମ୍ପ ମାରେ ବାଲୁକାର ତଟେ
ଝରକାର ଆୟତନ ଭରି ମେଘ ଘୋଟି ଆସେ
ବ୍ୟାପିଅଛି ଜଳର ବିସ୍ତୃତି;
ଶରତର ଆବିର୍ଭାବେ
ଶୋଭି ଅଛି ମରାଳ ମାଳିକା
ମାଛ ଧରାଳୀଙ୍କ ଘେନା ଲଟକଣ ପରେ
ତୁଳା ଦିଆ କାଙ୍କ କରେ
ଖିଚିରି ମିଚିରି,
ଉତ୍ତର ଅକାଶ ଧାରେ ଚଳେ ଏକ ଆଲୋକର ରେଖା
ଯେଉଁଠାରେ ଚିଙ୍ଗୁଡ଼ି ଶିକାର ପାଇଁ
ଛୋଟ ପିଲମାନେ ଶିଳା ଖଣ୍ଡ ପିଙ୍ଗିବାରେ ରତ ।
ସପ୍ତ ଦଶ ଶତାବ୍ଦୀରେ ଏ ପାର୍ବତ୍ୟ ହ୍ରଦତୀରେ
ଆସିଥିଲେ ତ୍‌ସିଙ୍ଗ ।
ଉତ୍ତର ଆକାଶ ଧାରେ ଚଳେ ଏକ
ଆଲେକର ରେଖା ।

ରାଜ୍ୟର ସଂପଦ ବୃଦ୍ଧି ପାଇଁ କାର୍ଯ୍ୟ କରି
ରଣ ଗ୍ରସ୍ତ ହେବା କି ଉଚିତ ?
ବୃଥା କଥା, ଏହା ଜେରିୟନ୍।
ଏ କେନାଲ ଯାଇ ଅଛ ତେନ୍‌ଶି ଯାଏ ଚାଲି
ବୁଢ଼ା ରାଜା ଯଦିଓ ଏହାକୁ ଖୋଲିଥିଲେ
ପ୍ରମୋଦ ସକାଶେ

କେ-ଇ	ମେନ	ରାନ	କେ-ଇ
କ-ଉ	ମାନ	ମାନ୍	କେ-ଇ
ଜିତ୍‌ସୁ	ଗେତ୍‌ସୁ	କୋ	କ୍ୱା
ତାନ୍	ଫୁକୁ	ତାନ୍	କାଇ

ସୂର୍ଯ୍ୟ ଉଠିଲେ; କାମକର
ସୂର୍ଯ୍ୟ ବୁଡ଼ିଲେ; ବିଶ୍ରାମ ନିଅ
କୂଅ ଖୋଳ ପାଣି ତାର ପିଅ
ଖେତ ଚଷ; ଶସ୍ୟ ତାର ଖାଅ
ସାମ୍ରାଜ୍ୟର ଶାସନ ଏ ଅଟେ ? ଆମ
ପାଇଁ ଯାର ମୂଲ୍ୟ କିବା ?
ଚତୁର୍ଥରେ, ନୀରବତାର ପରିସର।
ଆଉ ପଶୁମାନଙ୍କୁ ଶାସନ କରିବାର ଶକ୍ତି।

ସାଇନୋ

ବାଃ ! ତିନୋଟି ନଗରେ ମୁହିଁ ଗାଇଅଛି ନାରୀର ସଙ୍ଗୀତ,
ମାତ୍ର ସେ ସବୁ ସମାନ;
ଏବେ ମୁଁ ଗାଇବି ବସି ସୂର୍ଯ୍ୟର କବିତା ।

ଅଧର ଓ ଭାଷା, ତାକୁ ତମେ କରିଅଛ ଫାଶ
ସ୍ୱପ୍ନ ଓ କଥିତ, ତାହା ଯେହ୍ନେ ମଣି ମୁକ୍ତା ସବୁ,
ପୁରାତନ ଦେବତାର ଅଦ୍ଭୁତ କାହାଣୀ
କ୍ଷୁଧା ଆଉ ରାତ୍ରି, ପ୍ରଲୋଭନ :
ସେ ସବୁ ମୋ ଉପଜୀବ୍ୟ ନହେଁ,
କବିତାର ଆତ୍ମା ରୂପେ ହୋଇଛି ଯା' ଗଣା ।

ଆଖି ଆଉ ସ୍ୱପ୍ନ ଓ ଅଧର ପୁଣି ରାତ୍ରି ଯାଏ ଚାଲି ।
ଏକାଧିକ ବାର ତାହା ହୋଇଛି ପାଥେୟ,
ସେ ସବୁ ମୋ ଉପଜୀବ୍ୟ ନୁହେଁ ।
ଆମ ସ୍ୱର ସାଧନାର ରହିଥିଲା ତାର ଯେ ମୀନାର
ବିସ୍ମୃତିର ଗର୍ଭେ ଝାସେ ତାହା
ଥରକର ବାୟବ୍ୟ ଅକ୍ଷର
ଆମ ଆଡ଼େ ସ୍ୱପ୍ନ ଭୋରେ ଚାହିଁ
ଶ୍ୱାସ ଛାଡ଼ି କହି ଉଠେ, "ସାଇନୋ,
ହେ ଉଚ୍ଛନ୍ନ ଅନୁରାଗୀ, ହେ ଶୀର୍ଣ୍ଣ ନୟନ,
ଉଉରଳ ହାସ୍ୟଭରା ହେ ବିଚିତ୍ର ସାଇନୋ,
ସାହସ ଓ ବିଦ୍ରୂପର ପାତ୍ର ତମେ ଆହେ ।

ଶୀର୍ଣ୍ଣ ଯଦି, ନିଜର ଗୋଷ୍ଠୀର ଆହେ ବଳିଷ୍ଠ ମହାନ
ରୌଦ୍ର ତଳେ ଯେଉଁ ଗୋଷ୍ଠୀ ପଦେ ଦଳି ଦେଇଥିଲା
ପୁରାତନ ଧାରା,
ସେହି ଲୁଥ-ବଂଶଧର ସାଇନୋ, ତମେ ଏଠି ଥିଲ !"

ବର୍ଷକରେ ଥରେ, ଦୁଇଥର—
ଶୁଣାଯାଏ ଲୋକ ମୁଖେ ନିଷ୍ଫଳ ରୋଦନ
"ସାଇନୋ ?" "ହାୟ, ହାୟ, ସାଇନୋ ପଲ୍‌ନେସି
ଗୀତିକଣ୍ଠ ଭାଷାର କି ତମେ ?"
"ସତେ ସତେ, ଆମ ପଥେ ଯାଇଅଛି ଚାଲି,
ଏକ ଦର୍ପିତ ଯୁବକ, କିନ୍ତୁ...,
(ସେମାନେ ସମସ୍ତେ ସେହି ବାରବୁଲା ଦଳ,)
ମହାମାରି ! ଏହା କ'ଣ ତା' ନିଜ ସଙ୍ଗୀତ ?
କି ଅବା ଅନ୍ୟର ଗୀତ ଗାଇ ବୁଲେ ସିଏ ?
କିନ୍ତୁ ତମେ, ପ୍ରଭୁ ମୋର,
ତମରି ନଗରେ ତମେ ଅଛତ କୁଶଳ ?"

କିନ୍ତୁ ତମେ, "ପ୍ରଭୁ ମୋର," ଈଶ୍ୱରର ଦୟା !
ଯାହା ମୁଁ ଜାଣିଛି ତାହା ଲଭିଛି ପ୍ରକାଶ, ପ୍ରଭୁ ମୋର,
ଥିଲ ତମେ ଶାସ୍ତ୍ର ଅନଭିଜ୍ଞ, ମୁଁ ମଧ୍ୟ ସେପରି,
ଆହେ ବାମପନ୍ଥୀ ବୀର ।

ତିନୋଟି ନଗରେ ମୁହିଁ ଗାଇଅଛି ନାରୀର ସଙ୍ଗୀତ ।
ମାତ୍ର ସେ ସବୁ ସମାନ ।
ମୁଁ ଗାଇବି ସୂର୍ଯ୍ୟର କବିତା ।
........ହାୟ ? ....ସେମାନଙ୍କ ଅଧିକାଂଶଙ୍କର ଧୂସର ନୟନ,
ମାତ୍ର ସେ ସବୁ ସମାନ, ମୁଁ ଗାଇବି ସୂର୍ଯ୍ୟର କବିତା ।

ହେ ଉଜ୍ଜ୍ୱଳ ଅପୋଲୋ ଦେବତା, ପୁରାତନ ଟିଣପାତ୍ର ତମେ,
ଜୟ ହେଉ ଜିଅସ୍‌ଙ୍କ ରକ୍ଷାଢାଲ-ଦାନ-ଦିବସର,

ଢାଲ ସେହି ଅୟସ୍କାନ୍ତ ନୀଳ, ଉପରେ ରହିଛି ସ୍ୱର୍ଗ
ଧରି ତମ ଅର୍ଚ୍ଚନାର ପାତ୍ର ଶୁଦ୍ଧତର।

ହେ ଦେବତା ଆପୋଲୋ ଉଜ୍ଜ୍ୱଳ,
            ଆମର ଏ ପଦଯାତ୍ରା ପଥେ
ତମ ହାସ୍ୟ ହେଉ ଆମ ଭ୍ରମଣ ସଙ୍ଗୀତ;
ତମରି ଆଲୋକରେଖା ବାହି ନେଉ ରଥେ
ମେଘ ଓ ବର୍ଷାର ଅଶ୍ରୁ ହୋଇଯାଉ ତୂର୍ଣ୍ଣେ ତିରୋହିତ !

ସୂର୍ଯ୍ୟର ଉଦ୍ୟାନେ ଯାଏ ଅଚିହ୍ନିତ ଯେ ନୂତନ ପଥ
ସଦା ଯେହ୍ନେ ମୁହିଁ ତାର କରଇ ସନ୍ଧାନ...

ତିନୋଟି ନଗରେ ମୁହିଁ ଗାଇଅଛି ନାରୀର ସଙ୍ଗୀତ।
ମାତ୍ର ସେ ସବୁ ସମାନ।
ଗାଇବି ମୁଁ ଗୀତ ଏବେ ଶ୍ୱେତ ବିହଙ୍ଗର
ଭାସେ ଯାହା ଆକାଶର ନୀଳ ଜଳଧିରେ,
ମେଘ ସବୁ ଜଳକଣା ସେହି ସାଗରର।

ଶ୍ୱେତ ହରିଣ

ଶ୍ୱେତ ହରିଣର ଯୂଥ ଦେଖିଛି ମୁଁ ଶ୍ୟାମ ଗୁଳ୍ମ ମେଘର ଭିତରେ।
ଦେଖ! ତାର ଏହି ଗତି ଭଙ୍ଗ ପ୍ରେମ କିମ୍ବା ଦୁଃଖ ପାଇଁ ନୁହେଁ,
ତଥାପି ନୟନ ତାର ପ୍ରେମିକରେ ଚାହୁଁଥିବା ବାଳିକାର ନେତ୍ର ବେନି ଯଥା,
ଯେତେବେଳେ ଶ୍ୱେତ ମୃଗ ଗୋପନ ତା ସ୍ଥଳ ଛାଡ଼ି ହୁଅଇ ବାହାର
ଶ୍ୱେତ ସମୀରଣ ବହି ପୁହାଏ ପ୍ରଭାତ।

"ଏହି ସେହି ଶ୍ୱେତାଙ୍ଗ ହରିଣ, ବଢ଼ାଏ ଯେ ମୃଗୟାର ଖ୍ୟାତି,
ପୃଥିବୀରେ ମୃଗୟୁ ଦଳର ଜନ୍ମ ଡାକି ଆଣେ!"

ସମାଧି

'ମୁଁ ତମର ଆତ୍ମା, ନିକୋପ୍‌ଟିସ୍। ଲକ୍ଷ୍ୟ କରିଛି ମୁଁ
ଏହି ପାଞ୍ଚ ସହସ୍ର ବରଷ, ତମ ମୃତ ଚକ୍ଷୁ
ଥରେ ହଲି ନାହିଁ, ମୋ ଇଚ୍ଛାର ଉତ୍ତର ସେ ଦେଇ ନାହିଁ ଥରେ।
ଆଉ ତମ କ୍ଷୀଣ ଅଙ୍ଗ ଯଷ୍ଟୀ, ଯହିଁରୁ ଆସିଛି ମୁହିଁ
ଉଜ୍ଜ୍ୱଳନ୍ତ ଉଲ୍ଲଙ୍ଘନ ଦେଇ,
ମୋ ସଙ୍ଗରେ କିମ୍ବା କେଉଁ ହିରଣ୍ୟ ଦିବ୍ୟରେ ଜଳି ନାହିଁ ତାହା।
ଦେଖ, ଏହି ଲଘୁ ଦୂବ ଘାସ ଉଠିଅଛି ଜାଗି ତମ ଉପାଧାନ ଆଶେ,
ତମକୁ ଚୁମ୍ବନ କରେ ଅସଂଖ୍ୟ ଜିହ୍ୱାରେ;
କିନ୍ତୁ ତମେ ଦିଅନାହିଁ ମତେ।
ଭିତ୍ତିଗାତ୍ରେ ଲେଖା ଅଛି ସ୍ୱର୍ଣ୍ଣାକ୍ଷରେ ଯାହା ମୁଁ ପଢ଼ିଛି ସବୁ,
ସଙ୍କେତେ ମିଶାଇ ନେଇ ମୋ ଚିନ୍ତାକୁ ହୋଇଛି ନିରସ୍ତ।
ନାହିଁତ ଏ ସବୁ ଠାରେ କିଛି ହେଲେ ନୂତନ ବିଷୟ।
ହୋଇଛି ସଦୟ ମୁହିଁ। ପାତ୍ର ମୁଖ ବନ୍ଦ କରିଅଛି,
ନ ହେଲେ ଯେ ଜାଗିଥାନ୍ତ ତମେ, ମଦ ପାଇଁ କାନ୍ଦିଥାନ୍ତ ପୁଣି।
ସକଳ ପୋଷାକ ତମ ରଖି ମୁଁ ଦେଇଛି ଧୀରେ ତମରି ଉପରେ।

ହେ ଅମନୋଯୋଗୀ। ମୁଁ କିପରି ତମକୁ ଭୁଲିବି!
—ଭୁଲିନାହିଁ ବହୁଦିନ ତଳର ଏ ନଦୀଟିର କଥା।
ଏହି ନଦୀ? ଥିଲ ତମେ ତାରୁଣ୍ୟରେ ଭରା।
ଆସିଲେ ତିନୋଟି ଆତ୍ମା ତମ ପରେ ଖସି—
ଆଉ, ମୁହିଁ ଆସିଥିଲି।
ତମପରେ ବହିଗଲି ମୁହିଁ, ସେମାନଙ୍କୁ ପରାଜିତ କରି;

ତମଠାରେ ମୋ ସମ୍ପର୍କ ଘନିଷ୍ଠ ହୋଇଛି
ମୁଁ ଜାଣିଛି ତମ ଗତିବିଧି ।
ମୁଁ ତମର କରତଳ, ଅଙ୍ଗୁଳିର ଅଗ୍ର ନଥିଲିକି ଛୁଇଁ,
ତମ ସହ ପୁଣି ତମ ପଦ୍ମ ଗତି ସାଥେ ବହିଯାଇ ନଥିଲିକି ମୁହିଁ ?
କିପରି କରିଲି ମୁହିଁ ଅନ୍ତରେ ପ୍ରବେଶ ? ମୁହିଁକି ନୁହଁଇଁ ତମେ,
ତମେ ମୁଁ କି ନୁହେଁ ?

ଏଠାକୁ ଆସଇ ନାହିଁ ସୂର୍ଯ୍ୟ କେବେ ଦେବାକୁ ବିଶ୍ରାମ,
ତୀକ୍ଷ୍ଣ ଅନ୍ଧକାରେ ପଡ଼ି ଛିନ୍ନ ଭିନ୍ନ ମୁହିଁ,
ନ ପାଏ ମୁଁ ତିଳେହେଲେ ଆଲୋକର ସ୍ପର୍ଶ, ଆଉ ତମେ ପୁଣି
ଦିନପରେ ଦିନଯାଏ କହନାହିଁ ପଦେ ହେଲେ କଥା ।

ଅହୋ ! ଏ ସବୁ ସଙ୍କେତ ସତ୍ତ୍ୱେ ପାରନ୍ତି ମୁଁ ନିଜେ ମୁକ୍ତ କରି
ପଣ୍ଡ କରି ମଣିଷର ଗଢ଼ା ଏହି ଦରଜାରେ ସମସ୍ତ କୌଶଳ,
ଏହି କାଚ ଶ୍ୟାମଳ ସ୍ଥଳିରେ...

ତଥାପି ଏଠାରେ ଅଛି ଶାନ୍ତ ନୀରବତା :
ଯିବିନାହିଁ ଛାଡ଼ି ।”

ଉତ୍ପ୍ରେକ୍ଷା

ଏହାକୁ କି ଲୋକେ ସତେ କରିବେ ଗ୍ରହଣ ?
ଏ କବିତା ରାଶି ?
ନରସିଂହ ଠାରୁ ଯଥା କୁଳଟାର ଜନ୍ମ,
ଶତ ସୈନ୍ୟ ଅଧିପତି ଶକ୍ତିଧର ଠାରୁ ଜନ୍ମି ଅଛି ଭୀରୁ,
ଭୟରେ ଚିତ୍କାର କରି ପଳାୟନ କରିଲେଣି ଲୋକେ।

କବିତାର ଏ ରୂପରେ ସେମାନେ କି ପାଇବେ ଆଶ୍ୱାସ ?
ଜନତାର ଆକର୍ଷିତ ନିର୍ବୋଧତା କଳନା ବିହୀନ !
ହେ ସମାଲୋଚକ ବନ୍ଧୁ, ମୁଁ ତମକୁ କରେ ଅନୁରୋଧ,
ଜବାବ ଦେବାର ଲାଗି ସଭାକୁ ନେବାରେ
ମତେ ତମେ ନ କର ପ୍ରୟାସ,
ବନ୍ଧୁରିତ ଶୀଳା ତୁମେ ସ୍ୱଇଛାରେ କରିଛି ମୁଁ ନିଜକୁ ଆବଦ୍ଧ
ଅପ୍ରକାଶ୍ୟ ଅବକାଶ କାଳେ
ଶୁଣିଅଛି ପ୍ରତିଧ୍ୱନି ମୋ ପଦ ଧ୍ୱନିର,
ଅନ୍ଧକାରେ।
ଶୀତଳ ଆଲୋକେ।

ଚନ୍ଦ୍ରଶାଳା

ଦୟାକରି ସେହି ଜନେ ଆମଠାରୁ ଯାପନ୍ତି ଯେ ସମୃଦ୍ଧ ଜୀବନ।
ଆସ, ହେ ବନ୍ଧୁ ମୋହର, ମନେରଖ କଥା
ଧନୀର ଅଛନ୍ତି ଖାଲି ତୋଷାମୋଦକାରୀ,
ନାହିଁ ବନ୍ଧୁ ଜଣେ,
କିନ୍ତୁ ଆମର ଅଛନ୍ତି ବନ୍ଧୁ, ନାହିଁ ଜଣେ
ତୋଷାମୋଦକାରୀ।
ଦୟା କର ସେହି ଜନେ ହୋଇଛି ଯା' ମଙ୍ଗଳ ବିବାହ,
ଆଉ ପଡ଼ିନି ଯେ ବିବାହ ବନ୍ଧନେ।

ପ୍ରଭାତ ଆସଇ ତାର ଛୋଟ ପାଦ ଚାଳି
ସୁବର୍ଣ୍ଣବେଶା ନର୍ତ୍ତକୀର ସମ,
ଆକାଂକ୍ଷାର ନିକଟେ ମୁଁ ପହଞ୍ଚିଛି ଆସି।
ଜୀବନ ନ ହେବା ଉଚିତ ଏହାଠାରୁ ଭଲ
ଏହି ମୁହୂର୍ତ୍ତର ସ୍ୱଚ୍ଛ ଶୀତଳତା ଠାରୁ,
ଏହି ଯେଉଁ ମୁହୂର୍ତ୍ତଟି ଆମେ କରୁ ଏକତ୍ର ଭ୍ରମଣ।

ପ୍ରଣତି

ପରିପୂର୍ଣ୍ଣ ପରିପାଟୀ ଭରା ପୁଣି ପୂର୍ଣ୍ଣ ଅସ୍ୱାଚ୍ଛନ୍ଦ୍ୟମୟ
ଏ ଯୁଗର ବଂଶଧର ଶୁଣ,
ଦେଖିଛି ମୁଁ ରୌଦ୍ରତଳେ ଉତ୍ସବରେ ରତ ମତ୍ସ୍ୟଜୀବୀଗଣେ,
ଦେଖିଛି ମୁଁ ତାହାଙ୍କର ବିଶୃଙ୍ଖଳ ପରିବାର-ଲୀଳା,
ଦେଖିଛି ମୁଁ ସେମାନଙ୍କ ମୁଖଭରା ସ୍ମିତ
ଶୁଣିଛି ମୁଁ ସେମାନଙ୍କ ହାସ୍ୟ ଉଚ୍ଚକିତ
ନାହିଁ ଯହିଁ ଲାଭର ପ୍ରତ୍ୟାଶା ।
ତମଠାରୁ ସୁଖୀ ବୋଲି ମୁଁ ନିଜକୁ ଭାବେ,
ଆଉ, ମୋହଠାରୁ ସୁଖୀ ସେହି ମତ୍ସ୍ୟଜୀବୀଗଣ;
ମାଛ ଯାଏ ହ୍ରଦ ଜଳେ ସନ୍ତରଣ କାଟି
କିନ୍ତୁ ନାହିଁ ସେମାନଙ୍କ ପରିଧେୟ କିଛି ।

ଚୁକ୍ତି

ୱାଲ୍ଟ ହ୍ୱିଟ୍‌ମ୍ୟାନ୍ ତମସହ ମୁହିଁ ଏକ ଚୁକ୍ତି କରି ନିଏ,
ଦୀର୍ଘକାଳୁ ତମକୁ ମୁଁ କରିଛି ଅପ୍ରୀତି,
ଦୁର୍ବିନୀତ ଜନକର ବୟଃପ୍ରାପ୍ତ ସନ୍ତାନର ସମ
ଆସିଛି ମୁଁ ଏବେ ତମ ପାଖେ;
ବୟସ ଯଥେଷ୍ଟ ମୋର କରିବାକୁ ବନ୍ଧୁତା ବହୁଳ ।
ତମେହିଁ କାଟିଛ କବି, ନୂତନ ପାଦପ,
କାରୁ ରଚନାର ପାଇଁ ଏବେତ ସମୟ ।
ଦୁହେଁ ଆମେ ଏକ ତର, ମୂଳ ବି ଗୋଟିଏ—
ଆମ ଦୁହିଁଙ୍କର ମଧ୍ୟେ ବ୍ୟବସାୟ ଚାଲୁ ।

ନୃତ୍ୟ ପ୍ରତିମା

କଜ୍ଜ୍ୱଳ ନୟନା,
ନାରୀ ତମେ ମୋ ସ୍ୱପ୍ନର ଆଗୋ,
ଗଜଦନ୍ତ ପାଦୁକା ଶୋଭିତା,
ନୃତ୍ୟକାରିଣୀର ଦଳେ ତମ ଭଳି ନାହିଁ କେହି ଆନ,
ନୁହେଁ କେହି ତମ ଭଳି ଚଞ୍ଚଳ ଚରଣା।

ତମକୁ ମୁଁ ଦେଖି ନାହିଁ ତମ୍ବୁବାସେ କାହିଁ,
ଦେଖି ନାହିଁ ପ୍ରାଗୁଷାର ଖଣ୍ଡିତ ଅନ୍ଧାରେ
କୂପ ମୂଳେ ଦେଖି ନାହିଁ ତମକୁ ମୁଁ କେବେ
କୁମ୍ଭକକ୍ଷେ ଜଳାର୍ଥିନୀ ରମଣୀର ମେଳେ।

ବଲ୍‌କଲାଚ୍ଛାଦିତ ଶିଶୁ ପାଦପର ସମ ବାହୁ ବେନି ତବ,
ଆଲୋକରେ ଉଦ୍ଭାସିତ ତରଙ୍ଗିଣୀ ଭଳି ତମରି ମୁଖଟି।

ସ୍କନ୍ଧ ତମ ଶୁଭ୍ର ଯଥା ବାଦାମର ଭଳି;
ବାଦାମ ଫଳ ସେ ଯଥା ସଦ୍ୟ ମୁକ୍ତ ନିର୍ମୋକ ଭିତରୁ।
ନପୁଂସକ ସହାୟତା ନୁହେଁ,
ନୁହେଁ ଧରି ତମ୍ବାର ଅର୍ଗଳ
ସେହି ବାହୁ; ସେହି ସ୍କନ୍ଧ କରିଛି ତମକୁ ରକ୍ଷା ଯେସନ ପ୍ରହରୀ।
ତମରି ବିଶ୍ରାମ ସ୍ଥଳେ ଲୀଳାକରେ ମର୍କତ ରଜତ,
ସୁବର୍ଣ୍ଣର ସୂତ୍ରେ ନାନା ଅଙ୍କନରେ ବୁଣା ପିଙ୍ଗଳ ପୋଷାକ
ଘେରି ରହେ ତମ ଚାରିପାଖେ,

ଆଗୋ ତମେ ନାଥାଟ୍‌-ଆଇ କ୍ୟାନେ,
                "ତଟିନୀର ତଟ-ପ୍ରାନ୍ତ ତରୁ।"

ତୃଣ ତୁମେ ନିର୍ଝରିଣୀ ଭଳି ମୋ ଉପରେ ହସ୍ତ ତବ ଲୋଟେ
ଅଙ୍ଗୁଳିର ଜାଲ ତବ ସତେ କିବା ତୁଷାର ଝରଣା।
ତମରି ଉରଜ ବେନି ସ୍ୱଚ୍ଛ ଶୁଭ୍ର ଉପଳର ସମ;
                ଗାଏ ସେହି ତବ ଜୟଗାନ!

ନୃତ୍ୟକାରିଣୀର ଦଳେ ତମ ଭଳି ନାହିଁ କେହି ଆନ;
ନୁହେ କେହି ତମ ଭଳି ଚଞ୍ଚଳ ଚରଣା।

କବିତା ପ୍ରତି

ହେ ମୋର କବିତା, ଯାଅ, ତରୁଣ ଓ ଅସହିଷ୍ଣୁ ଜନତାର ପାଶେ
ଲୋଡ଼ିନିଅ ତହିଁ ତୋର ପ୍ରଶଂସା ନିଜର,
ପୂର୍ଣ୍ଣତାର ପ୍ରିୟ ଯେଉଁମାନେ କେବଳ ତାଙ୍କର ମେଳେ କର ତୁ
ନିବାସ।
ସଫୋ କ୍ଲିସ୍ କବିର ସେ ଜ୍ଞାନ ଦୀପ୍ତ ପ୍ରଖର ଆଲୋକେ
ଛିଡ଼ା ହୁଅ ଚିରକାଳ ହେ କବିତା ମୋର,
ପାଅ ଯଦି ଆଘାତ ସେଠାରୁ କର ତାହା ଆନନ୍ଦେ ବରଣ।

ମୋକ୍ଷାଭିଳାଷୀ

ହେ ମୋହର କବିତା, ଆସ, କହିଯାଅ ପୂର୍ଣ୍ଣତାର କଥା—
ନଚେତ୍ କରିବୁ ଆମେ ନିଜକୁ ଧିକ୍କାର।

ହେ କବିତା, ନବଜନ୍ମ ଦିଅ ହେ ଆମକୁ
ଜନ୍ମାନ୍ତର ଯଥାର୍ଥତା ନାମ।
ସକଳ ଅଖ୍ୟାତି ସହ ଏ ବାକ୍ୟର ପ୍ରୟୋଗର ଲାଗି
ଉଦ୍ଦିଷ୍ଟ ବ୍ୟକ୍ତିର ପ୍ରତି, ଶକ୍ତି ଦିଅ ତମେ।
ତାରେ ଅମରତା ଦାନେ ହୁଏତ ବା ରାଜି ହେବ ନାହିଁ
ଯେ ହେତୁ ତା ସ୍ଥିତି ଆଉ ବ୍ୟାପ୍ତିର ବିଚାର
ଆମରି ଦୁର୍ବଳ ମନେ
ଆଣି ପାରେ ଦୃପ୍ତ ନୀରବତା।

ହେ ମୋହର କବିତା ଆସ,
ନିର୍ବୋଧତା-ବାରିଧିର ତୁଲେ କର ତମେ ଅସ୍ତ୍ର ଉତ୍ତୋଳନ—
ସଂଗ୍ରାମ ଆରମ୍ଭ କର ଭ୍ରାନ୍ତ ସେହି ମମ୍ପଡୋରସ୍ ଠାରୁ;
ଅଶ୍ଳୀଳତା-ପାରାବାର ନାଶେ ହୁଅ ଛିଡ଼ା—
ମଧୁଭାଷୀ ନିମ୍ପିମ ଠାରୁ କର ତମେ ଯୁଦ୍ଧର ଘୋଷଣା;
ପୁରୁଷାର୍ଥ ହୀନତାର ସାଗର ଶୁଖାଇ
ଷଣ୍ଡମାର୍କା ବୁଲ୍ ମେନିଆନ୍ ସାହିତ୍ୟ ହଟାଅ।

ଧ୍ୟାନ

ଯେବେ ମୁହିଁ ଯତ୍ନସହ କୁକୁରର କୁତୂହଳୀ ପ୍ରକୃତିର କରଇ ବିଚାର
ସେତେବେଳେ ବାଧ୍ୟ ହୋଇ ସିଦ୍ଧାନ୍ତ ମୁଁ କରେ
ମଣିଷ ଅଟଇ ଏକ ଉଚ୍ଚତର ଜୀବ।

କରଇ ବିଚାର ଯେବେ ମଣିଷର କୁତୂହଳୀ ଗତି ବିଧିମାନ
ସତ ମୁଁ କହୁଛି, ବନ୍ଧୁ, ଘଟେ ମୋର ମସ୍ତିଷ୍କ ବିକୃତି।

ଆଲ୍‌ବା

ପଲ୍ଲବର କୁମୁଦ ଫୁଲର ଶ୍ୱେତ ଆର୍ଦ୍ର ଦଳ ଭଳି
ସୁଶୀତଳ ତନୁ
ପ୍ରଭାତରେ ମୋହରି ପାଖରେ ବସିଥିଲା ସିଏ।

ଶ୍ଳେଷ

ହେ ମୋର କବିତା,
ମଣିଷର ମୁଖେ କିପାଁ ତୁହି ଏତେ ଆଗ୍ରହ ଓ
କୁତୂହଳେ ଚାହୁଁ,
ତାହାରି ଭିତରେ ତୁହିଁ ଦେଖିବୁକି ନିଜର ମରଣ ?

ରତି

ବସନ୍ତର ସମୀରଣେ କରୁଛି ପ୍ରହାର
ସ୍ୱର୍ଣ୍ଣ ଲିଙ୍ଗ ଜାଫ୍ରାନ ଫୁଲର।
ମୃତ ଦେବତାର ନାହିଁ ଦୁଷ୍ଟାମି ସେଠାରେ
ବରଂ ଏ ଯେ ଉତ୍ସବର ଶୋଭାଯାତ୍ରା ଏକ,
ଶୋଭାଯାତ୍ରା ଏକ, ଆହେ ଜଲିଓ ରୋମାନୋ,
ଅଧିବାସ ପାଇଁ ତାହା ତମରି ଆତ୍ମାର ଉପଯୁକ୍ତ ସ୍ଥାନ।
ହେ ଡାଓନ, ସୁରାର ଅଧିପ, ତମରି ତ୍ରିଯାମା ଆସେ ଆମକୁ ଆବୋରି

ପତ୍ରେ ଲାଗେ ଶିଶିରର କଣା।
ରାତ୍ରି ହୁଏ ଆମ ପାଇଁ ବିଶ୍ରାମ ବିହୀନ।

ସଂଘର୍ଷ

ସେମାନେ ଯେତେବେଳ ଯାଏ କହୁଥିଲେ ନୂତନ ନୈତିକତାର କଥା
ତାହାର ଆଖି ସେତେବେଳେ କରିଥିଲା ମତେ ଆବିଷ୍କାର।
ଆଉ ଯେତେବେଳେ ମୁଁ ଯିବାକୁ ଉଠିଲି
ତାହାର ଆଙ୍ଗୁଠି ଗୁଡ଼ିକ ହୋଇ ଉଠିଲା
ଜାପାନୀ କାଗଜ ତଉଲିଆର ତନ୍ତୁ ଭଳି।

ଚା ଦୋକାନ

ଚା ଦୋକାନର କାମ କରେ ସେ ଯେଉଁ ବାଳିକା
ଆଗ ଭଳି ସୌନ୍ଦର୍ଯ୍ୟ ଆଉ ତାର ନାହିଁ,
ସାରି ଦେଇଛି ଶ୍ରାବଣ ମାସ ତାହାର ବଳ।
ପାହାଚରେ ସେ ଉଠି ପାରୁ ନାହିଁ ଉତ୍ସାହରେ;
ସେ ପ୍ରୌଢ଼ା ପାଲଟି ଯିବ ଏଣିକି,
ଆମ ପାଖକୁ ଆଣୁଥିଲା ବେଳେ ମିଷ୍ଟାନ୍ନ
ଚମକି ଆସୁଥିଲା ତାହାର ଯେଉଁ ଯୌବନର ଆଭା
ଆଉ ଚମକି ଆସିବ ନାହିଁ।
ସେ ପ୍ରୌଢ଼ା ପାଲଟି ଯିବ ଏଣିକି।

ଏକାନ୍ତ କାମନା

ହେ ଦେବତା, ଭେନସ୍, ମର୍କରି,
ଚୋର ଖଣ୍ଟ ତସ୍କରଙ୍କ ଆହେ ରକ୍ଷାକାରୀ,
ଦିଅ ମତେ ଯଥା ସମୟରେ, କରେ ମୁଁ ପ୍ରାର୍ଥନା,
ଛୋଟ କାଟ ଧୂଆଁ ପତ୍ର ଦୋକାନ ଗୋଟିଏ,
ଥାକ ଥାକ ରଖା ହୋଇଥିବ ନିକ ହୋଇ ଭାଡ଼ିର ଉପରେ
ଝକ ଝକ ଟିଣର ବାକସ
ଆଉ ପାଗିଥିବା ସୁବାସିତ ତାମ୍ରକୂଟ ଖୋଲା ହୋଇ କିଛି
ଆଉ କିଛି କଟା କଟା ହୋଇ,
ଚକ୍ ଚକ୍ କାଚର ଖୋଳରେ
ଖୋଲା ହୋଇ ରହିଥିବ ଝକ୍ ଝକ୍ ଭର୍ଜିନିଆ ପତ୍ର।
ଅତି ତେଲ ଚିକିଟା ନ ହୋଇ ଥିବ ତହିଁ ତରାଜୁ ଗୋଟିଏ,
ଚାଲି ଯାଉଁ ବାରଙ୍ଗନା ଦଳ ଥମି ଯିବ କହିବାକୁ ତଥା ପଦେ ତହିଁ
କହି ପଦେ ମତୁଆଳ ଭାଷା, ସାଜି ନେବି କେଶର କବରୀ।

ହେ ଦେବତା, ଭେନସ୍, ମର୍କରି, ଚୋର ଖଣ୍ଟ ତସ୍କରଙ୍କ ଆହେ ରକ୍ଷାକାରୀ,
ଦିଅ ମତେ ଛୋଟ କାଟ ଧୂଆଁ ପତ୍ର ଦୋକାନ ଗୋଟିଏ,
କିମ୍ବା ଦିଅ ଯେ କୌଣସି ବ୍ୟବସାୟ ମତେ
ରକ୍ଷା କର ମତେ ଏହି ଅଭିଶପ୍ତ କଲମ ଚାଷରୁ,
ଯହିଁରେ ସର୍ବଦା ଲୋଡ଼ା ମସ୍ତିଷ୍କର ଚାଷ।

ସମାଧିଲିପି

ଫୁ ଇ
ଫୁ ଇ ପାଉଥିଲା ଭଲ ଦୂରତର ମେଘ ଓ ପାହାଡ଼,
ଆହା, ମଦ ପିଇ ମରିଗଲା ସିଏ।

ଲି ପୋ
ଆଉ ଲି ପୋ ମଧ୍ୟ ମଦ ପିଇ ମଲା।
ଚନ୍ଦ୍ରକୁ କରିବା ପାଇଁ କୋଳ ସିଏ ଚେଷ୍ଟା କରିଥିଲା
ପୀତ ନଦୀ ଜଳେ।

ତୀରନ୍ଦାଜର ବିଳାପ

ଆମର ଖାଦ୍ୟ ହୋଇଅଛି ବଣର ଲତା ଆଉ ପତ୍ର।
ଲତାର ପହିଲି ପତ୍ର ଆଉ ନାଡ଼ ଖୁଣ୍ଟି ଖୁଣ୍ଟି
ମୁଖରେ ଫୁଟି ଉଠେ ଖାଲି କଥା :
ଫେରିଯିବା କେବେ ଆମେ ଦେଶର ମାଟିରେ ?
ଶତ୍ରୁ ଜଗି ଆମେ ଏଠି ପଡ଼ି ରହିଅଛୁ,
ମଙ୍ଗୋଲଙ୍କ ଲାଗି ନାହିଁ ଆମ ସୁଖ କିଛି।
ଆମ ଖାଦ୍ୟ ଯୋଗାଇଛି ବଣ ପତ୍ର-ଲତା
କା' ମୁଖରୁ "ଫେରି ଯିବା" କଥା କେବେ ପ୍ରକାଶ ପାଇଲେ
ଅନ୍ୟ ମନେ ଭରିଯାଏ ବ୍ୟଥା।
ମନ ଯେ ବିଷାଦ ଭରା, ଦୁଃଖ ତୀବ୍ର ହୁଏ,
କ୍ଷୁଧା ଓ ତୃଷାରେ ଆମେ ହୋଇଛୁ କାତର।
ଏବେ ବି ହୋଇନି ଆମ ପ୍ରତିରକ୍ଷା ଦୃଢ଼,
ତେଣୁ କେହି ସାଥୀଜନେ ଯିବାକୁ ନ ଦିଏ।
ଶୁଖିଲା ଲତାର ଡଙ୍କ ଆମ ଖାଦ୍ୟ ଏଠି
ଆମେ ପଚାରିଛୁ, ଆଶ୍ୱିନରେ ଫେରିବାକୁ ଆଜ୍ଞା କି ମିଳିବ ?
ରାଜକୀୟ ବ୍ୟବସ୍ଥାରେ ନାହିଁ ସରଳତା
ସୁଖ ନାହିଁ ଆମର କପାଳେ।
ଆମ ଦୁଃଖ ତୀବ୍ର ହୋଇଲାଣି, ତେବେ ମଧ୍ୟ
ଦେଶେ ଆମେ ନ ପାରିବୁ ଫେରି।
କେଉଁ ଫୁଲ ଫୁଟିଲା ସେ ଏବେ ?
କା' ରଥ ଆସିଲା ? ସେନାପତିଙ୍କର।
ତାଙ୍କ ଘୋଡ଼ାଯାକ ମଧ୍ୟ କ୍ଳାନ୍ତ ହୋଇଲେଣି।
ଖୁବ୍ ଶକ୍ତ ଥିଲେ ଏକା।

ଆମର ବିଶ୍ରାମ ନାହିଁ, ତିନିଥର ଯୁଦ୍ଧ ଚାଲେ ମାସକ ଭିତରେ
ମୁଁ ସତ କହୁଛି, ସେନାପତିଙ୍କର ଘୋଡ଼ାସବୁ କ୍ଲାନ୍ତ ହୋଇଲେଣି,
ତାଙ୍କ ପରେ ଚଢ଼ି ଯାନ୍ତି ସେନାଧ୍ୟକ୍ଷଗଣ,
ସେମାନଙ୍କ ପାଖେ ପାଖେ ଚାଲନ୍ତି ସୈନିକ।
ଘୋଡ଼ାମାନେ ସୁଶିକ୍ଷିତ ଏକା, ସେନାପତିଙ୍କ ହାତରେ
ଝକ ଝକ ତୀର,
ମାଛକାତି କାରୁକାର୍ଯ୍ୟ ଖଚା କାନ୍ଧରେ ରହିଛି ତାଙ୍କ ସୁନ୍ଦର ତୂଣୀର।
ଶତ୍ରୁପକ୍ଷ ଭାରି କ୍ଷିପ୍ର, ସେଥିଲାଗି ସାବଧାନ ରହିବାକୁ ହୁଏ।
ଯୁଦ୍ଧେ ଯେବେ ଯାଉ ଆମେ ସେତେବେଳେ ବସନ୍ତ ସମୀରେ
ୱିଲିଓ ଗଛରୁ ପତ୍ର ଝଡ଼ି ପଡୁଥାଏ,
ଆଉ ଆମେ ଫେରୁ ଯାଇଁ ବରଫର ବୃଷ୍ଟିପାତ ତଳେ।
ଆମ ଗତି ହୋଇଛି ମନ୍ଥର, କ୍ଷୁଧା ଓ ତୃଷାରେ ଆମେ
ଆର୍ତ୍ତ ହୋଇଅଛୁ।
ବିଷାଦରେ ପରିପୂର୍ଣ୍ଣ ଆମର ଯେ ମନ,
ଆମ ଦୁଃଖ କିଏ ସେ ଜାଣିବ ?

(ବୁନ୍ନୋ କୃତ—ଖ୍ରୀଷ୍ଟପୂର୍ବ ୧୧୦୦ ଶତାବ୍ଦୀ)

ଯୁଦ୍ଧର ଆଗମ : ଆକ୍‌ଟେଅନ୍

ଲେଥେ—ପାତାଳର ବିସ୍ମରଣୀ ନଦୀ
ଆଉ ସବୁ ପ୍ରାନ୍ତରର ରୂପ ଭାସି ଉଠେ
ଭରିଅଛି ଚାରିଆଡ଼ ଅସ୍ପଷ୍ଟ ଆଲୋକ
କିନ୍ତୁ ସୁବର୍ଣ୍ଣାଭ
ଧୂସରିତ ତୀକ୍ଷ୍ଣ ସାନୁରାଶି
ତଳେ ତାର
ବିରାଜେ ସମୁଦ୍ର
ମୁଗୁନି ପଥରଠାରୁ ଅଧିକ କର୍କଶ,
ଅସ୍ଥିର ସେ, ଗତି ତାର ମଧ୍ୟ ଅସ୍ଥଗିତ,
ଦେବତାର ଗମନାଗମନେ
ହୋଇଛି ସେ ଉଚ୍ଚେ ଉଦ୍‌ବେଳିତ
ଅବସ୍ଥାନ ବିପଦସଙ୍କୁଳ;
ତହିଁ ଉଚ୍ଚାରିଲା ଜଣେ :
"ଆକ୍ଟେଅନ୍ ଏଇ—ମୃଗୟାଜୀବୀ ସେ ଏକ
ପାଳଟିଛି ମୃଗ"
ସୁବର୍ଣ୍ଣର ପଦ-ତ୍ରାଣେ ଆକ୍ଟେଅନ୍ ଏଇ !
ମନୋହର ତୃଣକ୍ଷେତ୍ର ପରେ
ତୃଣ ପ୍ରାନ୍ତରର ସେହି ସ୍ନିଗ୍ଧକର ପରିବେଶ ପରେ
ଅସ୍ଥିର ସେ, ନିତ୍ୟ ଗତିଶୀଳ
ଆଶ୍ରୟର ସ୍ଥଳ ତାହା ପ୍ରାଚୀନ ଲୋକର
ନିଃଶବ୍ଦିତ ଶୋଭାଯାତ୍ରା ଏକ ।

ଆଲ୍‌ବା

ଦିବସର ପ୍ରତି କ୍ଷଣେ ଆଉ ପୁଣି ଯାମିନୀର ଦୀର୍ଘ ଯାମ ଯାଏ
ନାଇଟିଙ୍ଗେଲ୍ ବସି ଯେବେ ସାଥୀ ପାଶେ ସଙ୍ଗୀତ ଶୁଣାଏ
ହୃଦୟର ପ୍ରେମେ ମୋର ମୁଁ ବଞ୍ଚାଇ ଥାଏ
ନିକୁଞ୍ଜରେ,
କୁସୁମର ପୁରେ,
ପ୍ରହରୀ ଡାକିଲା ଯାଏ ଗମ୍ବୁଜ ଶିଖରେ
ବିଦୀର୍ଣ୍ଣ ଚିତ୍‌କାରେ
"ଜାଗ ଜାଗ ! ରେ ପାଷାଣ୍ଡ ଜାଗ
ଦେଖେ ମୁହିଁ ଆଲୋକର
ରୂପ ଶୁଭ୍ରତର
ଆଉ ଦେଖେ ଅନ୍ଧକାର
ନିଭିବାର ତୂର୍ଣ୍ଣ ଲୀଳା ଭାଗ ।"

ମନୋହର ପରିବେଶ

ନଦୀକୂଳ ଲାଗି ରହିଅଛି ନୀଳ ନୀଳ ଘାସ
ପାଖ ଉଦ୍ୟାନରେ ପୂର୍ଣ୍ଣ ୱିଲିଓ ପାଦପ ।
ଯୌବନର ମଧ୍ୟାହ୍ନେ ଶୋଭିତା ନାରୀ ଏକ ବିରାଜିତା ତହିଁ
ଶୁଭ୍ର, ଶୁଭ୍ର ତାର ବଦନ ମଣ୍ଡଳ, ମୁଖେ ତାର ଦ୍ୱିଧା,
ଦ୍ୱାରବନ୍ଧ ଅତିକ୍ରମଣରେ ।
ରଜୁ ତାର ହାତ, ରଜୁ ହାତ ନାରୀ ସେହି କରିଛି ପ୍ରସାର;
ପୂର୍ବେ ସିଏ କରୁଥିଲା ବାରାଙ୍ଗନା ବୃତ୍ତ,
ପରେ ବିଭା ହୋଇଛି ସେ ମଦ୍ୟପ ଲୋକକୁ,
ହେଇ ସେଇ ଲୋକ ଯାଏ ମଦ ପିଇ ମତୁଆଲ ହୋଇ
ଛାଡ଼ି ଦେଇ ସେ ନାରୀରେ ଏକାନ୍ତ ଏକାକୀ ।

(ମି ଶେଙ୍ଗ୍‌କୃତ, ଖ୍ରୀଷ୍ଟ ପୂର୍ବ ୧୪୦)

ସାଧବ ବୋହୂର ଚିଠି

କପାଳ ସଳଖେ ମୋର ସେତେବେଳ ଯାଏ ସିଧା ହୋଇ ବାଳ
ମୋର ହେଉଥିଲା କଟା
ସାମନା ଫାଟକ ଯାଏ ଆସି ଖେଳୁଥିଲି, ବୁଲି ବୁଲି
ତୋଳୁଥିଲି ଫୁଲ।
ଖେଳନାର ଘୋଡ଼ା ଧରି, ବାଉଁଶ ରଣପା' ଚଢ଼ି ତମେ ଆସିଥିଲ,
ଆସିଥିଲ ମୋର ପାଖଯାଏ, ଖେଳି ଖେଳି ନୀଳ ରଙ୍ଗ
ଚାରକୋଳି ହାତେ।
ତାହାପରେ ଆମେ ଦୁହେଁ ଚୋକାନ୍ ଗ୍ରାମରେ କାଟିଦେଲେ କାଳ;
ଛୋଟ ଛୋଟ ମଣିଷ ଦୁଇଟି, ଘୃଣା ନାହିଁ, ପରସ୍ପରେ
ସନ୍ଦେହ ବି ନାହିଁ।

ଚଉଦ ବର୍ଷରେ ମୁହିଁ ବିଭା ହେଲି ହେ ନାଥ ତମକୁ।
ବ୍ରୀଡ଼ାବତୀ ଯୋଗୁ ମୁହିଁ କେବେ ହେଲେ ହସି ପାରି ନାହିଁ।
ମୁହଁକୁ ତଳକୁ ପୋତି କାନ୍ଥ ଆଡ଼େ ଚାହିଁ ରହିଥାଏ।
ଡାକିଅଛ ସହସ୍ରେକଥର, କିନ୍ତୁ ଥରେ ଫେରି ମୁହିଁ
ଚାହିଁ ପାରି ନାହିଁ।

ପନ୍ଦର ବର୍ଷରେ ମୁହିଁ ଛାଡ଼ି ସବୁ ଭ୍ରୂଭଙ୍ଗିମା, ମାନ,
ମୋହର ସକଳ ସତ୍ତା ଭାବିଲି ମୁଁ ମିଶିଯାଉ ତମରି ସତ୍ତାରେ
କାଳେ କାଳେ, ଜନ୍ମେ ଜନ୍ମେ, ସୃଷ୍ଟି ଥିଲା ଯାଏ।
ସ୍ୱତନ୍ତ୍ର ସତ୍ତାରେ ମୋର ଅବଶ୍ୟକ କିବା?

ଷୋହଳ ବର୍ଷରେ ତମେ ବିଦା ହୋଇ ଦୂରେ ଗଲ ଚାଲି,
ନଦୀର ଉଠାଣି ସ୍ରୋତେ ଘୂର୍ଣ୍ଣିତ ତରଙ୍ଗେ ତମେ ଗଲ ଦୂର ସେହି
କୁ-ତୁ-ୟେନ ଗ୍ରାମେ,
ସେ ଦିନରୁ ପାଞ୍ଚମାସ ଗଲାଣିତ ବିତି।
ମଥାର ଉପରେ ଶୁଭେ ମାଙ୍କଡ଼ର ବିଳାପର ଧ୍ୱନି।

ଗଲାବେଳେ ଅନିଚ୍ଛାରେ ଯାଉଥିଲ ଗୋଡ଼ ଟାଣି ଟାଣି।
ଯେ ଫାଟକ ବାଟେ ଯାଇଥିଲ, ଜନ୍ମିଲାଣି ସେଠି କେତେ
ଶିଉଳି ଓ ଘାସ।
ସେ ଅରମା ସଫା କରି ହେବାରତ ନୁହେଁ!
ପୁଣି ପବନରେ ଝଡ଼ି ପଡ଼ିଲୁ ଶରତେ ପତ୍ର ତହିଁ ଜମିତ ଗଲାଣି।
ପଶ୍ଚିମର ବଗିଚାରେ ଭାଦ୍ରବର ପ୍ରଜାପତି ପତଙ୍ଗମିଥୁନ
ଉଡ଼ି ଉଡ଼ି ହରିଦ୍ରାଭ ରଙ୍ଗ ଧରିଲାଣି;
ପକ୍ଷ ତାର ମୋ ଦେହରେ ବାଜେ। ବୟସ ମୋ ଗଡ଼ି ଗଡ଼ି ଯାଏ।
କିଆଙ୍ଗ୍ ନଦୀର ସରୁ ସ୍ରୋତ ଯଦି ତମେ ପଥ ବାହି
ଆସୁଅଛ ସତେ,
ଧନ ମୋର, ଆଗତୁରା ଦିଅ ତ ଖବରା
ତମକୁ ଭେଟିବା ପାଇଁ ଯିବି ମୁହିଁ ଧାଇଁ
ଦୂରାନ୍ତର ପଥ ସେହି ଚୋ-ଫୁ-ସାର ଯାଏ।

(ରିହାକୁ କୃତ)

ନିର୍ବାସିତର ପତ୍ର

ଏ ପତ୍ର ପାଇବେ ସୋ-କିନ୍, ଜେନର ପୌରାଧିନାୟକ,
ଚାକୁଓ ନିବାସୀ ମୋର ପୁରାତନ ବନ୍ଧୁ।
ଆଜି ମୋର ମନେ ପଡ଼େ ତୋଳି ଦେଇଥିଲ ତମେ
ମୋର ଲାଗି ପାନ୍ଥଶାଳା ସ୍ୱତନ୍ତ୍ର ଭାବରେ
ଟେନ୍-ଶିନ୍ ନଦୀର ସେହି ସେତୁପାଖ ଦକ୍ଷିଣ ଦିଗରେ।
ସଙ୍ଗୀତ ଓ ରସକଥା ପାଇଁ ଢାଳି ଦେଉଥିଲ ତମେ
ପୀତାଭ ସୁବର୍ଣ୍ଣ ଆଉ ଶୁଭ୍ର ରଜତର ଖଣ୍ଡ
ରାଜା ଆଉ ବାଦଶା'ରେ ଭୁଲି ଆମେ ଥିଲେ ମଦ୍ୟପାନେ ମତ୍ତ
ମାସ ପରେ ମାସ ଦେଇ କାଟି।
ସମୁଦ୍ର ପଥରେ ଭାସି ଆଉ ପୁଣି ସ୍ଥଳ ପଥେ ପଶ୍ଚିମ ସୀମାନ୍ତୁ
ଆସୁଥିଲେ ବୁଦ୍ଧିଜୀବୀ ଲୋକ କେତେ ଧାଇଁ,
ସେମାନଙ୍କ ସହ ପୁଣି ବିଶେଷରେ ତମରି ସାଙ୍ଗରେ
ବିରୋଧର ଭାବ କିଛି ନ ଥିଲା ତ ଜମା,
ସମୁଦ୍ର ଓ ପର୍ବତର ପଥ ଅତିକ୍ରମ କରିବାର ଦ୍ୱାରା
ନ ଥିଲାତ ତାହାଙ୍କର ଲାଭ ଆଉ କିଛି,
କେବଳ ପାଇବା ଥିଲା ତମରି ସେ ସହଚର ସ୍ଥାନ,
ସକଳେ ସେଠାରେ ଆମେ ମନ ଆଉ ହୃଦ ଖୋଲି
ହେଉଥିଲୁ କଥା, ନ ଥିଲାତ ଦୁଃଖ ଅନୁତାପ।
ତାହାପରେ ପଠାହେଲା ମତେ "ଦକ୍ଷିଣ ଓ୍ୱଇ"କୁ
ଶ୍ୟାମଳ କୁଞ୍ଜରେ ଯହିଁ ଧରଣୀ ମଞ୍ଜୁଳ।
ତମେ ଗଲେ "ରାକୁ—ହୋକୁ" ଉତ୍ତର ଅଞ୍ଚଳେ,
ସେ ପର୍ଯ୍ୟନ୍ତ ଦୁହିଁଙ୍କର ନ ଥିଲାତ କିଛି,
ଏକ ସ୍ମୃତି ଏକ ଚିନ୍ତା ବିନା।

ତାହାପରେ ଯେବେ ହେଲା ତୀବ୍ରତର ବିଚ୍ଛେଦର ଜ୍ୱାଳା
ଉଭୟେ ଭେଟିଲେ ଆମେ, ଚାଲି ଚାଲି ଚାଲିଗଲେ—
“ସେନ୍—ଗୋ” ମଧ୍ୟକୁ,
ପଥେ ଅତକ୍ରମ କରି ବିଘୂର୍ଣ୍ଣିତ, ବିସର୍ପିଳ
ଜଳାଧାର ଛତିଶିଟି ଥର,
ପହଞ୍ଚିଲେ ଆମେ ଯାଇଁ ସହସ୍ର ପୁଷ୍ପର
ବିଚିତ୍ରିତ ଉପତ୍ୟକା ଭୂମେ,
ଆମ ଯାତ୍ରା ପଥେ ତାହା ଆଦ୍ୟ ଉପତ୍ୟକା;
କାକଳି ଓ ଦେବଦାରୁ ସମୀରଣେ ପୂର୍ଣ୍ଣ
ଦଶ ସ'ସ୍ର ଉପତ୍ୟକା ଭେଟିଲେ ତା ପରେ।
ରୂପା ଜିନ୍ ପରେ ବସି, ଧରି ସୁନାର ଲଗାମ୍
“ପୂର୍ବ କାନ୍”ର ଦଳପତି ନିଜ ଗହଣରେ ଆସିଲେ ପାଛୋଟି।
ମାଣିକ୍ୟ ଖଚିତ ବେଣୁ ବଜାଇ ବଜାଇ ଭେଟିଲେ ସେଠାରେ ମୋତେ
ଶି-ଯୋର “ସଚ୍ଚାଲୋକ” ଆସି।
“ସାନ୍-କୋ” ଠାରୁ ବହୁତଳ ପ୍ରାସାଦ କକ୍ଷରେ
ଶତ ସଙ୍ଗୀତରେ ମୋତେ କଲେ ଅଭ୍ୟର୍ଥନା।
ପକ୍ଷୀ ଶାବକର ସୂକ୍ଷ୍ମ ସ୍ୱର ଗ୍ରାମ ତୋଳି
ଅନୁଷ୍ଠିତ ହେଲା ତହିଁ ବହୁ ଯନ୍ତ୍ର ଲୀଳା।
“କାନ୍ ଚୁ”ର ଦଳପତି ମଦ୍ୟ ପିଇ ନୃତ୍ୟ ଆରମ୍ଭିଲା
ହାତରେ କଞ୍ଚୁକ ତାର ସ୍ଥିର ଭାବେ
ଠିଆ କରି ଦେଲା ନାହିଁ ତାରେ
ବାଦ୍ୟର ସେ ମୂର୍ଚ୍ଛନା ଭିତରେ।
ଦେହେ ତାଙ୍କ କାରୁକମ ରେଶମରୀ ଉତ୍ତରୀ
ସେହି ଦଳପତି କୋଳେ ରଚିଲି ଶୟନ,
ମନ ମୋର ହୋଇଥିଲା ଉନ୍ମତ୍ତ ଉତ୍ତଳ
ଯାଇଥିଲା ଟପି ତାହା ସପ୍ତସ୍ୱର୍ଗ ସୀମା
ଆଉ, ସେ ଦିନଟି ଶେଷ ହେବା ଆଗୁ
ନକ୍ଷତ୍ର ଓ ବୃଷ୍ଟିବିନ୍ଦୁ ପରି ଆମେ ତହିଁ
ଇତସ୍ତତଃ ହୋଇ ଯାଇଥିଲୁ।

ଜଳପଥ ଅତିକ୍ରମି ମତେ ଦୂରାନ୍ତର "ସୋ"ଠାକୁ
ଯିବା ପାଇଁ ହେଲା,
ତମେ ଫେରିଗଲ ତମ ତଟିନୀର ସେହି ସେତୁ ତଟେ।

ତମ ପିତା, ଥିଲେ ଅତି ସାହସୀ ଯେ ଶାର୍ଦ୍ଦୁଳ ସମାନ,
"ହିଶୁ"ର ରାଜ୍ୟପାଳ ଥାଇ କରିଥିଲେ
ଦମନ ସେ ଆଦିବାସୀ ଜନତାର ମେଳି
ମତେ ହକାରିବା ପାଇଁ ଏକ ବୈଶାଖର ଦିନେ
ତମକୁ ସେ ପଠାଇଲେ ଦୂରାନ୍ତର ପଥେ।
ମେଣ୍ଢା ଅନ୍ତଭଳି ପଥ କରିଥିଲା ଗତି ଆଙ୍କି ଅଶେଷ ଘୂରାଣି
ଭଙ୍ଗା ଚକଲଗା ଗାଡ଼ି ପରେ ବସି ବସି
ସେ ପଥେ ଭ୍ରମଣ ନୁହେଁ ଦୁଃସାଧ ବ୍ୟାପାର
ଏହା ମୁହିଁ ନ ପାରିବି କହି।
ତଥାପି ମୁଁ ଚାଲୁଥିଲି ବର୍ଷର ସେ ଶେଷାବଧିଯାଏ,
ଉତ୍ତରରୁ ବହୁଥିଲା କନ କନ ତୀକ୍ଷ୍ଣ ସମୀରଣ
ଭାବୁଥିଲି ଏ କଷ୍ଟର ପାଇଁ ତମେ ଭୂକ୍ଷେପ ନ କରି
ବନ୍ଧୁତାର ପାଇଁ କଲ ଅସୀମ ପ୍ରୟାସ।
କି ଅପୂର୍ବ ଅଭ୍ୟର୍ଥନା :
ନୀଳକାନ୍ତମଣି ବିଖଚିତ କାଷ୍ଠାସନ ପରେ
କୁରୁବିନ୍ଦ ପାତ୍ରେ ଖାଦ୍ୟ ସୁପରିବେଷିତ।
ସୁରା ପାନେ ମତ୍ତ ହୋଇଥିଲି,
ଫେରିବାର ଚିନ୍ତା ଆଉ ନ ଥିଲାତ ମୋର।
ମୋ ସାଙ୍ଗରେ ତମେ ଚାଲିଥିଲ ଦୁର୍ଗର ସେ ପଶ୍ଚିମ କୋଣର
ନୃପତି ବଂଶର ସେହି ଦେବ ମନ୍ଦିରକୁ,
ଘଞ୍ଚ ନୀଳ ଜଳପୂର୍ଣ୍ଣ ପୁଷ୍କରିଣୀ ଘେରି ଅଛି ତହିଁ
ବେଣୁ ବୀଣା ମୁରଜର ତାନେ ମୁଖରିତ ନୌକା ଭାସମାନ,
ଉଠୁଛି ଅନନ୍ତ ଢେଉ, ପାଣିରେ ଚହଟି ଯାଏ
ଚଳମାନ ପତ୍ର ଶ୍ୟାମା ଆଭା,

ବର ବାରାଙ୍ଗନାଙ୍କର ଅବାରିତ ଗମନାଗମନେ
ପ୍ରଳମ୍ବ ହୁଅଇ ତହିଁ ଆନନ୍ଦର ଲୀଳା,
ତରଣୀର ଯୋଡ଼ ବନ୍ଧେ ଅଳଙ୍କୃତ ଓ୍ୱିଲିଓ କାଠର
ଶ୍ୱେତ ଆସ୍ତରଣ ଦିଶେ ତୁଷାର ସମାନ,
ସୂର୍ଯ୍ୟାସ୍ତର କାଳେ ତହିଁ ସିନ୍ଦୂରିତ ବାଳିକାର ଦଳ
ସୁରା ପାନେ ହେଲେ ମଦାଳସୀ,
ଶତ ହସ୍ତ ଗଭୀର ସଳିଳେ ହୋଇଲା ବିମ୍ବିତ
ତାଙ୍କ ସବୁଜ ଓ ଭ୍ରୂଲତା
ସବୁଜ ରେଖାରେ ରଙ୍ଗା ଭ୍ରୂଲତା ସେ
ବାଳଚନ୍ଦ୍ର ଜୋଛନାରେ ଦିଶେ ମନୋହର
ସଯତନେ ଅଙ୍କା ହୋଇଛି ତା—
ଶ୍ରେଣୀବଦ୍ଧ ସେ ବାଳିକାବାର ପରସ୍ପର
ପୃଷ୍ଠେ ରହି ଗାଆନ୍ତି ସଙ୍ଗୀତ
ସୁଝୀନ ଗୁଞ୍ଜନ ତଳେ ହୁଅନ୍ତି ସେ ପୁଣି ନୃତ୍ୟପରା।
ପବନରେ ଉଦ୍‌ବେଳିତ ହୋଇ ସେ ସଙ୍ଗୀତ
ଗତି ଭଙ୍ଗେ ଊର୍ଦ୍ଧ୍ୱାକାଶେ ଉଠି
ମେଘତଳ କରେ ଆନ୍ଦୋଳିତ।
ତାହା ପରେ ଆସେ ନୀରବତା।
ଆଉ ତାର ଦର୍ଶନ ନ ମିଳେ।
ଜମାନବନ୍ଦୀର ପାଇଁ ଗଲି ମୁହିଁ ଧର୍ମାଧିକରଣେ
ଭାଗ୍ୟର ପରୀକ୍ଷା ହେଲା।
ନ ହୋଇଲା ପଦୋନ୍ନତି କିଛି
ଫେରି ମୁଁ ଆସିଲି ପୁଣି
ଧବଳ ଶିଖର ସେହି ପୂର୍ବାଞ୍ଚଳ ପର୍ବତମାଳାରେ
ପୁଣି ଥରେ, କିଛି କାଳ ପରେ ଉଭୟେ ଭେଟିଲେ ଆମେ
ସେତୁର ଦକ୍ଷିଣେ।
ତାହାପରେ ଜନତାର ଭିଡ଼ ଗଲା ଭାଙ୍ଗି ତମେ ଗଲ
ଉତ୍ତରାଞ୍ଚଳର "ସାନ୍ ପ୍ରାସାଦକୁ।'"
ଯଦି ତମେ ପଚାରିବ ସେ ବିଦାୟ ଦୁଃଖ ମୁହିଁ
କିପରି ଯାପିଲି :

ଶେଷ ବସନ୍ତରେ ଯଥା ପବନରେ ଘୂରି ଘୂରି
ଇତସ୍ତତଃ ଫୁଲ ପଡ଼େ ଝଡ଼ି, ହୋଇଅଛି
ସେ ଦଶା ମୋହର।
କିବା ଆଉ ଆବଶ୍ୟକ ସେ କଥା କହିବା,
କହିବାର ଶେଷ ହେବ ନାହିଁ,
ହୃଦୟରେ ନାହିଁ କାହିଁ ସରନ୍ତି ଭଣ୍ଡାର।
ଚାକରକୁ ଡାକିଅଛି ମୁହିଁ,
ମୋ ଆଜ୍ଞାରେ ବସିଛି ସେ ଆଣ୍ଠୁ ମାଡ଼ି ଏଠି
ଚିଠି ବନ୍ଦ କରିବାର ପାଇଁ,
ଭାବୁଛି ମୁଁ; ହଜାର ମାଇଲ ଦୂରେ ପଠାଇବି ଯାକୁ।

(ରିହାକୁ କୃତ)

ବନ୍ଧୁ-ବିଦାୟ

ପ୍ରାଚୀରର ଉତ୍ତରକୁ ନୀଳକାନ୍ତ ପର୍ବତର ଶ୍ରେଣୀ,
ତଳେ ତାର ବିସର୍ପିଳ ଶୁଭ୍ରଧାର ନଦୀ;
ଘେନିବା ବିଦାୟ ବନ୍ଧୁ, ଆମେ ଏହିଠାରେ
ତାହା ପରେ ଚାଲିଯିବା ଶତ ଶତ କ୍ରୋଶ ମୃତ ଘାସ ପଥେ।

ପ୍ରସାରିତ ଭାସମାନ ମେଘଖଣ୍ଡ ପରି ହୁଏ ମନ
ପୁରାତନ ବନ୍ଧୁତାର ବିଚ୍ଛେଦ ଏ ସୂର୍ଯ୍ୟାସ୍ତ ଯେସନ
ଦୂରୁଁ କରେ ବଦ୍ଧାଞ୍ଜଳି ପରେ ପ୍ରଣତି ରଚନା।
ଆମରି ଘୋଟକ ବେନି ଏହି କରେ ପରସ୍ପରେ ହ୍ରେଷା ବିନିମୟ
ଆମେ କରୁଥିଲାବେଳେ ବିଦାୟ ଯାଚନା।

(ରିହାକୁ କୃତ)

ରାଫୁ

ଶିନ୍ ସହରର ଉଚ୍ଚ ଅଟ୍ଟାଳିକାମାନେ ଦେଖିବାର ପାଇଁ
ଅଗ୍ନି କୋଣେ ହେଉଅଛି ସୂର୍ଯ୍ୟର ଉଦୟ
ଝିଅଟିଏ ଅଛି ତହିଁ ସୁନ୍ଦରୀ ବାଳିକା, ରାଫୁ ତାର ନାମ
ନିଜେ ସେ କରିଛି ସୃଷ୍ଟି ଆପଣାର ନାମ "ସୁଝୀନ ପତନୀ"
ରେଶମର ସୂତ୍ରକୀଟେ ଖୁଆଏ ସେ ଗବପତ୍ର ତୋଳି।
ସହରର ଦକ୍ଷିଣ ପ୍ରାଚୀର ପ୍ରାନ୍ତୁ କରେ ସେ ତାହା ସଂଗ୍ରହ।
ସବୁଜ ସୂତାରେ ତାର ଝୁଡ଼ିଟିକୁ ଢାଙ୍କିଦିଏ ସେହୁ,
ଝଡ଼ ଝୁଲାଇବା ପାଇଁ ତାର କାନ୍ଧରେ ସେ ବାଳା
ତିଆରି କରିଛି ପଟି କଟସୁରା ଛେଲିରେ,
ମସ୍ତକର ବାମପଟ ଉଚ୍ଚେ ଟେକି ବାନ୍ଧୁଛି ସେ କେଶଗୁଚ୍ଛ ତାର।

ବାଳିକାର କର୍ଣ୍ଣ ଫୁଲ ମୁକ୍ତାରେ ତିଆରି,
ତଳ ଭାଗ ଘାଗରା ତା' ସବୁଜ ରେଶମ,
ଉପର ଭାଗରୁ ତାର ସେହିପରି ରେଶମ କନାରେ
ବର୍ଣ୍ଣ ତାର ପାଟଳରେ ରଙ୍ଗା,
ଚାଲିଗଲାବେଳେ ଲୋକେ ଅନାନ୍ତି ରାଫୁକୁ,
ନିଜ ବୋଝ ଦିଅନ୍ତି ଓହ୍ଲାଇ,
ଠିଆ ହୋଇ ଆପଣାର ବୀର କେଶ ହସ୍ତେ ମଟାଳନ୍ତି।

ମନସ୍ତାତ୍ତ୍ୱିକ ମୁହୂର୍ତ୍ତ

ଘଟଣା ପାଇଁ ମୁଁ ଅତିରିକ୍ତ ପ୍ରସ୍ତୁତି ହୋଇ ପଡ଼ିଥିଲି,
ତାହାହିଁ ହେଲା ଅଶୁଭ ସୂଚକ।
ଅଭ୍ୟୁଦୟ ଯୁଗର ଯତ୍ନ ଧରି
ମୁଁ ବାହାର କରିଥିଲି କେତେଖଣ୍ଡ ଉପଯୁକ୍ତ ବହି।
ତାହାର ପୃଷ୍ଠାତକ ମଧ୍ୟ ମୁଁ ଓଲଟାଇ ସାରିଥିଲ।

ରୂପ ସେ ଅଟେ ଅତି ଅମୂଲ୍ୟ ଧନ।
କେ କରି ପାରେ ପାନ ତାର ଝରଣା।

ନିଷ୍ଫଳେ କିଏ କେତେ କରଇ ଦୁଃଖ,
କେତେ ସମୟ ଯାଏ ବୃଥାରେ ବିତି !
ଆଉ ଏବେ ମୁଁ ବାତାୟନ ଉପରୁ କରୁଛି ଲକ୍ଷ୍ୟ,
ବର୍ଷାର ଧାରା, ଭ୍ରାମ୍ୟମାଣ ମତ୍ସ୍ୟଶିକାରୀର ନୌକା।

"ସେମାନଙ୍କର ଛୋଟ ପୃଥିବୀ ଯାଇଛି ଦୋହଲି"—
ପବନ ହୋଇଛି ସେଥିରେ ପ୍ରଭାବିତ।
ସେମାନଙ୍କ ଛୋଟ ଜଗତ ଭିତରେ
ସେମାନେ ଏବେ ବିରୋଧୀ ଶକ୍ତିର କ୍ରୀଡ଼ନକ।
କିପରି ଜାଣିଲି ମୁହିଁ ?
ଓଃ, ଭଲକରି ଜାଣେ ମୁହିଁ ସବୁ।
ଘଟିଛି ଘଟଣା କିଛି ସେମାନଙ୍କ ପାଇଁ।
ଆଉ ମୋ ବିଷୟ;
ଅଧିକ ପ୍ରସ୍ତୁତ ହୋଇ ପଡ଼ିଥିଲି ମୁହିଁ।

ରୂପ ସେ ଅଟେ ଅତି ଅମୂଲ୍ୟ ଧନ।
କେ କରି ପାରେ ପାନ ତାର ଝରଣା।

ଦୁଇ ବନ୍ଧୁ : ଅରଣ୍ୟର ସେ ଏକ ନିଶ୍ୱାସ...
ବନ୍ଧୁ ? ଲୋକର କ'ଣ ବନ୍ଧୁର ଅଭାବ
ଆଉ, ଜଣେ ସେମାନଙ୍କୁ ଅବଶେଷରେ କରିଛି ସନ୍ଧାନ ?
ସେମାନେ ଦୁଇଥର ଶପଥ କରିଥିଲେ ଆସିବାକୁ।

"ରାତ୍ରି ଆଉ ସକାଳ ମଧ୍ୟରେ" ?

ରୂପ ସେ କରିବ ମୋର ମସ୍ତକ ଭକ୍ଷଣ।
ଯୁବକ ସେ ଭୁଲିଯିବ କ୍ଷଣକର ପାଇଁ
ମୋ ଯୌବନ ନିର୍ବାସିତ ହୋଇଛି ମୋଠାରୁ।

"କୁହ ତମେ କଥା ! ନୃତ୍ୟ ତମେ କରିଗଲ ଏତେ ଦୃଢ଼ଭାବେ ?
ପ୍ରଶଂସା କରିଛି ଜଣେ ତମରି କାର୍ଯ୍ୟର,
ଆଉ, ସ୍ପଷ୍ଟଭାବେ ତାହା ସିଏ କରିଛି ପ୍ରକାଶ।

"ନିର୍ବୋଧର ଭଳି କଣ କହିଥିଲ ତମେ,
ପ୍ରଥମ ରାତ୍ରିରେ ?
ଆଉ ପୁଣି ଦ୍ୱିତୀୟ ସନ୍ଧ୍ୟାରେ ?"

"ତଥାପି ସେମାନେ ଦେଇଛନ୍ତି ପୁଣି ପ୍ରତିଶ୍ରୁତି :
'ଆସିବାକୁ କାଲି ଚା'ଖିଆ ବେଳେ।"

ଏବେ ଆଜି ତୃତୀୟ ଦିବସ
କାହା ମୁଖେ କଥା ପଦେ ନାହିଁ;
ନାହିଁ କଥା ନାରୀ କିମ୍ବା ପୁରୁଷର ମୁଖେ,
କେବଳ ଦେଇଛି ଲେଖି ଅନ୍ୟ ଲୋକ ଜଣେ :
"ହେ ପ୍ରିୟ ପାଉଣ୍ଡ୍, ଯାଉଅଛି ଛାଡ଼ି ମୁଁ ଇଂଲଣ୍ଡ।"

ଶ୍ରୀ ନିକ୍ସନ୍

ନିଜର ବାଷ୍ପଚାଳିତ ବିନୋଦ ତରୀର ଦୁଧ ସର ରଙ୍ଗଦିଆ
ଝକ ଝକ କୋଠରୀରେ ବସି
ଶ୍ରୀଯୁକ୍ତ ନିକସନ୍ ମତେ ଦୟାବହି ପରାମର୍ଶ ଦେଲେ
ବିଳମ୍ବରେ ଗତି କଲେ ବିପଦର ମାତ୍ରା ହେବ କମ୍।
"ସତର୍କତା ସହ
"ସମାଲୋଚକର କଥା ବିଚାରିବ ମନେ।

"ତମ ଭଳି ନିରୁପାୟ ମୁହିଁ ମଧ୍ୟ ଥିଲି;
"ପାଇଥିଲି ଆରମ୍ଭେ ଅବଶ୍ୟ,
"ଗ୍ରନ୍ଥକାର-ପ୍ରାପ୍ୟାଂଶର ଆଗତୁରା ଟଙ୍କା,
ପ୍ରଥମେ ପଚାଶ," କହିଲେ ନିକ୍ସନ୍,
"ମୋର କଥା ଶୁଣ, ମାହାଳିଆ କାମ କଲେ ମଧ୍ୟ,
"ଏକ ସ୍ତମ୍ଭ କାଗଜର ନିଅ।

"ତେଲ ଦିଅ ସମାଲୋଚକଙ୍କୁ। ପଚାଶରୁ ତିନିଶହ ଯାଏ
"ପ୍ରାପ୍ୟ ମୋର ବଢ଼ିଗଲା ଅଠର ମାସରେ;
"କରାୟତ୍ତ କରିବାରେ ସବୁଠାରୁ ହୋଇଥିଲା କଷ୍ଟ
"ଡକ୍ଟର ଡୁଣ୍ଡାସ୍‌ଙ୍କୁ।

"ନିଜ ଲେଖା ବିକ୍ରି କରିବାର ଉଦ୍ଦେଶ୍ୟର ବିନା
"କଦାପି କହୁ ନ ଥିଲି ମୁଁ କାହାରି ନାମ।
"ଏ ଉପାୟ ଖୁବ୍ ଭଲ, ସାହିତ୍ୟର ପାଇଁ

"ବିନା ଶ୍ରମେ ଉପାର୍ଜନ ପାଇଁ କାହା ଲାଗି ସୁଯୋଗ ତ ନାହିଁ।
"ଆଉ କେହି ତ ଜାଣିବ ନାହିଁ, ରଚନାର ଉତ୍କୃଷ୍ଟତା,
ଦେଖିଲା ମାତ୍ରକେ,
"ଛାଡ଼ିଦିଅ କବିତା ଲେଖିବା, ମୁଁ କହୁଚି ମାନ,
"କିଛି ନାହିଁ ସେଥିରେ ତ ଜମା।"

ବ୍ଲାଓଫ୍ରାମଙ୍କ ବନ୍ଧୁପରି ସିଏ ପୁଣି ମତେ
ପରାମର୍ଶ ଦେଲେ :
ପଦାଘାତ ନ କରିବ କଣ୍ଟକର ମୁଖେ,
ମତାମତ ଗ୍ରହଣ କରିବ। ତମଭଳି
ଶତକଡ଼ା ନବେଜଣ କରିଛନ୍ତି ଚେଷ୍ଟା,
ଶେଷେ ମୃତ୍ୟୁ ବରିଛନ୍ତି। କବିତାରେ
ନାହିଁ କିଛି ଜମା।

ତରୀର ସେ ନୁଆଁଣିଆ କୋଠରୀର ତଳେ
ଲେଖକ ସେ ଯାପନ୍ତି ଜୀବନ,
ଅର୍ଥର ଆଗମ ନାହିଁ, ନାହିଁ ଅଭ୍ୟର୍ଥନା,
ଶେଷ ହୋଇଛନ୍ତି ସିଏ
ପୃଥିବୀର କର୍ଦ୍ଦମେ ବିପନ୍ନ।

କେବଳ ପ୍ରକୃତି ତାଙ୍କୁ କରଇ ଅର୍ଚ୍ଚନା,
ଶାନ୍ତ ଏକ ଅଶିକ୍ଷିତା ଗୃହିଣୀର ସହ
ପ୍ରତିଭାର କରନ୍ତି ସେ ନିତ୍ୟ ବିନିମୟ
ତାଙ୍କ ଦୁଃଖ ନିର୍ଯାତନା ପାଏ ଖାଲି ବସୁଧାର ଲୟ।

ନାନା ତର୍କ ଜାଲ ଅଉ ଦ୍ୱନ୍ଦ୍ୱର ମଧ୍ୟରୁ
ଚାଲ ଭେଦି ପଡ଼େ ତହିଁ ଆକାଶର ଛାଇ;
ଦିଅନ୍ତ ସେ ରସପୂର୍ଣ୍ଣ ରନ୍ଧନ ସେଠାରେ;
ଶବ୍ଦକରେ ଦରକାର ଅର୍ଗଳର ଘାଇ।

"ମିଲେସିନ୍‌ର ନାରୀ ସେହି ସୁରକ୍ଷଣଶୀଳା"
ମନର ଅଭ୍ୟାସ ଆଉ ପୁଣି ଅନୁଭୂତି
ପ୍ରାୟ ସ୍ଥିତିଶୀଳ। ଏଲିଙ୍ଗ୍ ଠାରେ କିନ୍ତୁ
ଇଂରେଜ ବ୍ୟାଙ୍କ-କିରାଣୀଙ୍କ କିବା ଅଟେ ଗତି ?

ନାଁ, "ମିଲିସିଆନ" କଥା କିଛି ଅତିରିକ୍ତ ନୁହେଁ।
ସେ କାଳରେ କହିଥିଲା ଜେଜେମାଆ ଯାହା
ଏବେ ମଧ୍ୟ ପାଇନି ତା କିଛି ନୂଆ ରାହା
ରକ୍ଷଣଶୀଳା ସେ ନାରୀ ଆଉ କିଛି ଗୁଣ ନାହିଁ ବହେ।

"ବଲ୍‌କଲ ମଧ୍ୟରେ ଢାଙ୍କି ବନଦେବୀ ଜଘନ ତାହାର"
"ପଲ୍ଲବର ହାତ ଚାଳେ ସେହୁ ମୋର ଆଡ଼େ—
ଆଧ୍ୟାତ୍ମିକ ଭାବେ। ଲେଡି ଭାଲେଣ୍ଟାଇନଙ୍କର
ଆଜ୍ଞାକୁ ଅପେକ୍ଷା କରି ମୁହିଁ ରହିଥାଏ
ସାଟିନ୍ ବସ୍ତ୍ରରେ ସଜ୍ଜା ବୈଠକ ଖାନାରେ।

ଜାଣିଛି ମୁଁ ମୋର ଅଙ୍ଗରଖା
ଫେସନର ଅନୁଯାୟୀ ହୋଇନି ତିଆରି
କରିବ ଯା' ଆଗ୍ରହ ଉଦ୍ରେକ
ତାଙ୍କ ମନେ, କିଛିକାଳ ଧରି;
ମୋ ସାହିତ୍ୟ-ପ୍ରଚେଷ୍ଟାର
ମିଳିଅଛି ଯେ ପୂର୍ଣ୍ଣ ପ୍ରଶଂସା
ତାର ମୂଲ୍ୟ ପାଇଁ ମୁହିଁ ରହେ ସନ୍ଦିହାନ,
କିନ୍ତୁ ଲେଡି ଭାଲେଣ୍ଟାଇନଙ୍କର
କାର୍ଯ୍ୟଲାଗି ସନ୍ଦେହ ବିହୀନ :

କବିତାର କଳ୍ପନାର ସୀମା ଆଉ ରେଖା
ରହେ ଅନିଶ୍ଚିତ। କିନ୍ତୁ ନୁହେଁ ଅପର କୌଶଳ
ଯେଉଁଠାରେ ଉଚ୍ଚ ଆଉ ନିଚ
ହରାଇ ନିଜର ସତ୍ତା କରଇ ମିଶ୍ରଣ;

ଲେଡି ଜେନ୍‌ଙ୍କ ମନଯୋଗ ଆକର୍ଷିବା ପାଇଁ
ନିୟମିତ ଥିଏଟର ନେବା ଅଟେ ପନ୍ଥା,
ଆଉ ମଧ୍ୟ, ରାଷ୍ଟ୍ରଭଙ୍ଗ କାଳେ
ହେବା ପାଇଁ ହେବ ବନ୍ଧୁ, କହିବାକୁ
ହେବ ତହିଁ ସାନ୍ତ୍ୱନାର କଥା।

ଆଚରଣ, ପକ୍ଷାନ୍ତରେ ଅଟେ ତାହା ଆତ୍ମା
"ବୁଦ୍ଧିମନ୍ତ ସଂସ୍କୃତିର କୋଳେ ଯାହା ହୋଇଛି ଲାଳିତ
ଫ୍ଲିଟ ଷ୍ଟ୍ରିଟ ପ୍ରତି ମୋ ବଧାଇ, ଯେଉଁଠାରେ
ଡକ୍ଟର ଜନ୍‌ସନ୍ କରିଥିଲେ ସୌଭାଗ୍ୟ ବର୍ଦ୍ଧିତ;

ସେହି ସରଣୀର ତଟେ
ଥିଲା ଯେଉଁ ଛୋଟ ଏକ ସ୍ଥଳି
ବିକ୍ରି ହୋଇ ବହୁକାଳୁ କରିଛି ସେଠାରୁ
ଅନ୍ତର୍ହିତ ପେରିଆନ୍ ଗୋଲାପର ଚାଷ।

ଲାଇଗ୍‌ଡାମ୍‌ସଙ୍କ ସହ ମତାନ୍ତର

ଆମରି ସୁପରିଚିତ ତରୁଣୀ ସେ ଲାଇଗ୍‌ଡାମ୍‌ସଙ୍କଠାରୁ ଯେଉଁ ସବୁ
ସତ୍ୟ ଶୁଣିଅଛି, କହ ମତେ ତାହା,
ନାରୀର ସେ କିଣା ଯେଉଁ ଦାସତ୍ୱ ବନ୍ଧନ ସମଭାବେ
ତାହା କିବା ଚାପି ପାରେ ତମରି ସ୍କନ୍ଧରେ;
କାରଣ, ମୁଁ ଶୂନ୍ୟ ଗର୍ଭ ସୁଖ କଳ୍ପନାରେ ସ୍ଫୀତ ହୋଇ ଉଠେ,
ପ୍ରତାରିତ ହୁଏ ପୁଣି ତମରି ବାକ୍ୟରେ
ତମେ ଭାବ ତାହା ସବୁ ଯଥା ବିଶ୍ୱାସ ମୁଁ
କରିବାକୁ ଚାହେଁ।

ବାର୍ତ୍ତାବହ ଆସେ ନାହିଁ ପରା ଶୂନ୍ୟ ହାତେ,
ଆଉ ସତ୍ୟ ବୋଲି ପ୍ରତ୍ୟୟ ଯା ହୁଏ
ତାକୁ କରେ କ୍ରୀତ ଦାସ ଭୟ;
ଗୃହ ଏକ ପାଇଲାର ପରି ବଡ଼ ଆଲୋଚନା ପରା
ମଙ୍ଗଳଜନକ,
ତେଣୁ କହ, ନ କରି ବ୍ୟତ୍ୟୟ, ସବୁ କଥା ମତେ
ପ୍ରାରମ୍ଭରଠାରୁ,
ଆଗ୍ରହରେ ଉତ୍‌କର୍ଣ୍ଣ ମୁଁ ହୁଏ।
ସତେ ? କେଶ କରି ପ୍ରସାଧନହୀନ କାନ୍ଦୁଥିଲା ନାରୀ
ସେହି ପରା ତମେ ତାହା ଆଖିରେ ଦେଖିଛ।
ଆଖିରୁ ବହିଲା ତାର ଅଜସ୍ର ଲୋତକ ?
ତମେ ତମେ ଲାଇଗ୍‌ଡାମ୍‌ସ
ଦେଖିଥିଲ ସେ ନାରୀରେ ଶଯ୍ୟାରେ ଲୁଣ୍ଠିତା—
ଦର୍ପଣରେ ପ୍ରତିବିମ୍ବ ନୁହେଁ;

ତୁଷାର ଧବଳ ହାତେ ନ ଥିଲା ତ ଅଳଙ୍କାର କିଛି,
କ୍ଷୀଣ ତା ବାହୁରେ ଥିଲା ମଳିନ ବସନ।
ଲେଖିବା ବଇଠା ତାର ବନ୍ଦ ହୋଇ ପଡ଼ିଥିଲା
ବିଛଣାର ଗୋଡ଼ ପାଖ ତଳେ।
ଗୃହମୟ ଭରିଥିଲା ବିଷାଦର ଛାୟା, ପରିଚାରିକା ସେ
ଥିଲେ ବିଷଣ୍ଣ ବିବଶ
କହିଥିଲା ନାରୀ ତାଙ୍କୁ ସ୍ୱପ୍ନର ଘଟନା।

ନାରୀ ସେହି ଥିଲା ତହିଁ ବସ୍ତ୍ରାବଗୁଣ୍ଠିତା,
ପଶମ ରୁମାଲ୍ ଓଦା ସଦା ଲାଗିଥିଲା
ତାର ବେନି ଅଶ୍ରୁଳ ଆଖିରେ,
ଆମରି ଆଗ୍ରହାତିଶଯ୍ୟ ପୂତ କାମନାରେ
ମିଳିଲା ଉତ୍ତର ଖାଲି ଅନୁଯୋଗ-ଭାଷା।
ସେଇଥି ସକାଶେ ତମେ ପୁରସ୍କାର ପାଇବ ମୋଠାରୁ,
ତମେ ଲାଇଗଡ଼ାମ୍‌ସ ?
ଗୃହ ଏକ ପାଇବାର ସଙ୍କେତ ସମାନ ବହୁ ଆଲୋଚନା।
ଅନ୍ୟ ନାରୀ "ପ୍ରଲୋଭିତ କରି ନାହିଁ ମତେ
ମୁଗ୍ଧକର ତାର ବ୍ୟବହାରେ,
"ଘାରିଛି ମତେ ଯେ ସିଏ ଭେଷଜର ବିଷେ,
ଅସମକୋଣ ବିଶିଷ୍ଟ ଚତୁର୍ଭୁଜ ଚକାର କୀଳାରେ
ଠେଲିବାରେ ଲାଗିଛି ସେ ନାରୀ।
"ଫୁଲି ଉଠିଥିବା ବେଙ୍ଗ ଆଉ ସାପ ହାଡ଼ ଚମଉଠା ପେଚାର ପକ୍ଷୀକୁ
ବସି ରାନ୍ଧେ ସିଏ,
"ବାନ୍ଧେ ମତେ ସେହି ନାରୀ ମୁର୍ଦ୍ଦାରର ପରିଚ୍ଛନ୍ନ ବାସେ।
"ବିଛଣାରେ ତାଉ ଜାଲ ବୁଣେ କଳା ବୁଢ଼ିଆଣି !
"ତାହାର ପ୍ରେମିକଗଣ କରନ୍ତୁ ପଛକେ ତାର ପ୍ରତି ପ୍ରଭାତରେ
ନାସିକା କୁଞ୍ଚନ !
"ବାତ ରୋଗେ ଅଚଳ ତା'ଗୋଡ଼ ପଛେ ହେଉ !
"ମୁଁ ଏଠାରେ ଏକା ଶୁଏ ବୋଲି ସିଏ କଣ ଚାହେଁ,
ଲାଇଗଡ଼ାମ୍‌ସ ?

ଅନ୍ତ୍ୟେଷ୍ଟିକ୍ରିୟାରେ ମୋର କହିବ ସେ ଘୃଣ୍ୟ କଥା କିଛି ?"
ବାରମାସ ଅସନ୍ତୋଷ ଭୋଗିବାର ପରେ
ମୁଁ ଏହା ବିଶ୍ୱାସ କରେ ତମେ କଣ ଚାହଁ?

ଯଦି କେବେ ହେଲିକନ୍ ପର୍ବତ ମାଳାକୁ ସଫା
କରିବା ପାଇଁ ହୁଅନ୍ତା ସମୟ
ପଡ଼ିଆଭରା ଏମାଥିଆନ୍ ଅଶ୍ୱ ଯୂଥକୁ ଆଗେଇ ନେବା
ପାଇଁ ହୁଅନ୍ତା ବେଳ,
ରୋମକ ସ୍କନ୍ଧାବାରରେ ଥିବା ମୋର ସେନାପତିମାନଙ୍କ
ସଂଖ୍ୟା ଗଣନା କରି ଦେବା ପାଇଁ ହୁଅନ୍ତା ଫୁରୁସତ।
ଯଦି ଏଥିପାଇଁ ନ ଥାଏ ମୋର ଶକ୍ତି, "ତେବେ ତାର
ଉଦ୍ୟମହିଁ ହେବ ପ୍ରଶଂସାଜନକ।"
"ଏପରି ବିରାଟ କାର୍ଯ୍ୟ କରିବାର ଇଚ୍ଛାହିଁ ଏକ
ଉଲ୍ଲେଖ ଯୋଗ୍ୟ ଘଟଣା।"

ଆଦିମ ଯୁଗରେ ଚାଲିଥିଲା ରତିର ବନ୍ଦନା,
ଗାଇଥିଲା ଗତ ଯୁଗ ବିଦ୍ରୋହର ଗୀତ,
ମୁଁ ମଧ୍ୟ ଗାଇବି ବସି ସଂଗ୍ରାମର ଗାନ
ଶେଷ ହେଲା ପରେ ଏହି ବାଳିକାର କଥା।
କୂଳର ବହିତ୍ରେ ମୁହିଁ ଯାତ୍ରା ଆରମ୍ଭିବି ପ୍ରମତ୍ତ ଠାଣିରେ,
ଅନ୍ତର ଉଦ୍‌ଗ୍ରୀବ ମୋର ଦେବା ପାଇଁ ନୂତନ ନିର୍ଦ୍ଦେଶ,
ଆତ୍ମା ମୋର, ଉଠ ଉଠ, ତେଜି ତୋର କ୍ଷୀଣ ସ୍ୱରଗ୍ରାମ,
ଘେନି ଏବେ ଅପ୍ରମିତ ବଳ।

ପିରିଡିଜ୍ ହେ ମହାମହିମ ! ବହୁ କାର୍ଯ୍ୟ ସାଧନର ପାଇଁ
ଏବେତ ସମୟ।
ପାର୍ଥିଆନ୍‌ଙ୍କୁ ରକ୍ଷା କରିବାରେ ଇଉଫ୍ରେଟିସ କରେ ଅସ୍ୱୀକାର,
କ୍ରାସସ୍ ପାଇଁ କ୍ଷମା ଭିକ୍ଷା କରେ,"
ଆଉ "ତମର ବିଜୟ ପାଇଁ, ମୁଁ ଭାବୁଛି, ଏବେ
ଭାରତ ସେ ଦେଖାଇଛି ବେକ,"

ଆହୁରି ହେ ଅଗଷ୍ଟସ୍, "କୁମାରୀ ଆରବ ନିଜ
ହାରେମ୍ ଭିତରେ ପ୍ରକମ୍ପିତା ହୁଏ।"
ଦୂରସ୍ଥ ସାଗର କୂଳେ ଯଦି କେଉଁ ସ୍ଥଳଭାଗ ସଙ୍କୁଚିତ ହୁଏ,
ଜାଣିବାକୁ ହେବ ତାହା ତମ ଶାସନର—
ସ୍ଥଗିତକରଣ।
ମୁଁ କରିବି ସେନାନୁଗମନ, ତମ ଅଶ୍ୱାରୋହୀଙ୍କର
ଶୌର୍ଯ୍ୟ ଗାନ କରି ବନ୍ଦିତ ମୁଁ ହେବି।
ଭାଗ୍ୟ ଆସୁ ସେ ଦିନର ପାଇଁ।

ତଥାପି ପଚାର ତମେ କାହିଁକି ମୁଁ ଲେଖିଅଛି ଏତେ ଏତେ
ପ୍ରେମର କବିତା।
ଆଉ ଏ ସବୁ କୋମଳ କାବ୍ୟ କେତେବେଳେ
କଣ୍ଠେ ମୋର ଆସେ।
କାବ୍ୟ ଅଧିଷ୍ଠାତ୍ରୀ ସେହି କଲିଓପ୍ କିମ୍ବା ଆପୋଲୋ ଦେବତା
କେହି ଆସି ମୋ କର୍ଣ୍ଣରେ ନ ଢାଳନ୍ତି ବାଣୀ,
ଗୋଟିଏ ବାଳିକାଠାରୁ ମୋ ପ୍ରତିଭା ନୁହଇ ଅଧିକ।
ଯଦି ସେ ବାଳିକା ଚାଳି ଗଜଦନ୍ତ ଅଙ୍ଗୁଳି ତାହାର
ବୀଣାତାରେ ତୋଳି ଦିଏ ସ୍ୱରର ମୂର୍ଚ୍ଛନା,
ଆମେ ରହୁ ଚାହିଁ ତାର ହସ୍ତ ସାଧନରେ।
କିପରି ସ୍ୱଚ୍ଛଳେ ଚଳେ ତା ଅଙ୍ଗୁଳିକାଳ; ଯଦିଚ
କୁନ୍ତଳ ରାଶି କପୋଳେ ତା' ବିଶୃଙ୍ଖଳେ ଖେଳେ,
ରଞ୍ଜିତ ସୁଷମା ଭରି ତନୁରେ ତାହାର ଯେବେ ସିଏ ଚାଲିଯାଏ
ସାଗରିକା ଲତାର ବିଭାସେ,
ଖେଳିଯାଏ ଶତ ଶତ ସ୍ୱପ୍ନର କାହାଣୀ;
ଆଖିର ପଲକ ତାର ଯଦି ହୁଏ ତନ୍ଦ୍ରାରେ ଅଳସ,
କବିର ମାନସେ ଜାଗେ ନୂତନ କଳ୍ପନା;
ନିଚୋଳ ଉତାରି ଦେଇ ଯଦି ସିଏ ମୋ ସଙ୍ଗେ ଖେଳନ୍ତା
ଲେଖିଦ୍ୟନ୍ତୁ ଆମେ କେତେ କାବ୍ୟ-ଇଲିଅଡ୍।
ଯାହା ସିଏ କରୁ ଆଉ କହୁନା ପଛକେ,
ବିନା ଉପାଦାନେ ଆମେ ରଚି ଦେବୁ ଦୀର୍ଘ ସୂତ୍ରରାଶି

ଭାଗ୍ୟ ମୋତେ ଏହି ଭଳି ଦେଇଅଛି ଦାନ, ଆଉ ଯଦି,
ମେସେନାସ୍ ଭଳି,
ହୋଇଥାନ୍ତି ମୁଁ ସମର୍ଥ ବର୍ମଧାରୀ ବୀରଗଣେ ରଣେ ଚାଲିବାକୁ,
ମୁଁ କରନ୍ତି ନାହିଁ।
ଅଥବା ସେ ଅଲିମ୍ପସ ପର୍ବତ ଆରୋହୀ
ଓସ କିମ୍ବା ଟାଇଟାନ୍‌ଗଣର ଜୟଗାନ ନ କରନ୍ତି ମୁହିଁ
ପେଲିଅନ୍‌ର ଶୀଳାବନ୍ଧ ପଥ,
କିମ୍ବା ଥିବ୍‌ଜ ସହରର ପ୍ରାଚୀନ ଗୌରବ, ପେର୍ଗାମସ ସହରରେ
ହୋମରର ଖ୍ୟାତି,
ଜର୍କେସ୍‌ର ଦ୍ୱିରାଜ୍ୟର ଯଶ, ରେମସ୍ ଆଉ ରାଜକୀୟ
ପରିବାର ତାର,
ମହନୀୟ ଗୁଣରାଶି କାର୍ଥେଜବାସୀର,
ଓ୍ୟେଲସ୍‌ର ଖଣିଜ ସଂପଦ ଆଉ ତାର ଲାଭ ଅଧିକାରୀ
ମାରୁସ-କାହାଣୀ ବସି ମୁଁ ଗାଆନ୍ତି ନାହିଁ।

ସିଜାର-ଘଟଣାରାଶି ରଖିବି ମୁଁ ମନେ...
ରନୋର ପୃଷ୍ଠଭୂମି ପାଇଁ,
ଅବଶ୍ୟ ସେ ସବୁ କିଛି ଗ୍ରହଣ ନ କରି
କ୍ୟାଲିମ୍ୟାକସ୍ କାବ୍ୟ ଲେଖିଥିଲେ।
ଗ୍ରହଣ ନ କରି ମୋଟେ ଥିସିଅସ୍ କଥା
ନରକର ଚିତ୍ର ଆଉ ଦେବ ପ୍ରିୟ ଆକିଲସ୍ ବୀରର ଚରିତ୍ର।
ଆଇକ୍‌ସିଆନ୍, ଆର୍ଗୋ, ଆଉ ମେନୋଟିଅସ୍ ପୁତ୍ରଗଣେ ଛାଡ଼ି
ଛାଡ଼ି ପୁଣି ଜୋଭ୍‌ର କବର ଆଉ ଟାଇଟାନଗଣ
କ୍ୟାଲିମ୍ୟାକସ୍ ଲେଖି ପାରିଥିଲେ।

ସିଜାର ଘଟଣା ପ୍ରତି ସ୍ପନ୍ଦନ ନ ଜାଗେ ମୋର ହୃଦୟ କକ୍ଷରେ,
ନ ଜାଗେ ସ୍ପନ୍ଦନ ପୁଣି ପ୍ରାଚୀନ ସେ ଫ୍ରାଇଜିଆର ପିତୃଗଣ ପ୍ରତି।
ପବନର ନାବିକ; କୃଷକ ଓ ତାହାର ବଳଦ;
ଯୋଦ୍ଧା ଆଉ ତା ଅସ୍ତ୍ରାଘାତର ହିସାବ ଗଣନା,
ମେଣ୍ଢା ଓ ମେଣ୍ଢା ପାଳକର ପ୍ରତି ମୋର ଆଗ୍ରହ ବି ନାହିଁ।
ସଂଗ୍ରାମର ପାର୍ଶ୍ୱ ତ୍ୟାଗ କରି ଆମେ,
ପଡ଼ିଅଛୁ ଅପ୍ରଶସ୍ତ ନିଜ ବିଛଣାରେ :

ପ୍ରତ୍ୟେକ କରନ୍ତି ନିଜ ଶକ୍ତି ଅନୁସାରେ, ଯିଏ ଯହିଁ ରହି,
କ୍ଳାନ୍ତିକର ଦିବସ ଯାପନ।
ପ୍ରେମେ ପଡ଼ି ମରିବା ତ ମହତତ୍ତ୍ୱର କଥା, ଅସତୀ ନାରୀର ପତି
ନ ହେବା ତ ଗୌରବ ବିଷୟ।
ଲଘୁ ମହିଳାଙ୍କ ନିନ୍ଦା କରେ ସେହି ନାରୀ
ହୋମରର ପ୍ରଶଂସା ସେ କରିବ ତ ନାହିଁ
ହେଲେନ୍ ଚରିତ୍ରେ ସିଏ ମନେ କରେ "ନୁହେଁ ଉପଯୋଗୀ।"

ଯେତେବେଳେ, ଯେତେବେଳେ ମୃତ୍ୟୁ ଆମ ଚକ୍ଷୁର ପଲକ
ଆସି ବନ୍ଦ କରିଦିଏ।
ବିଜୟୀ ଓ ବିଜେତାରେ ଗୋଏ ଭେଳାରେ
ତପ୍ତ ବୈତରଣୀ ନୀରେ ନେଇଯାଏ ଉଲଗ୍ନେ ବସାଇ,
ମାରିଅସ୍ ଓ ଯୁଗୁର୍ଥା ଏକତ୍ର
ଆବଦ୍ଧ ହୁଅନ୍ତି ତହିଁ ଗୋଟିଏ ଛାୟାରେ।

ଭାରତ ବିରୁଦ୍ଧରେ ସିଜାର୍ କରୁଛି ଷଡ଼ଯନ୍ତ୍ର,
ଟାଇଗ୍ରିସ୍ ଓ ଇଉଫ୍ରେଟିସ୍ ପ୍ରବାହିତ ହେବେ ଏବେ
ତାହାରି ଆଜ୍ଞାରେ,
ତିବ୍‌ବତରେ ଭରି ଯିବେ ରୋମାନ୍ ପୁଲିସ,
ପାର୍ଥିଆର ଲୋକେ ଏବେ ଆମ ମୂର୍ତ୍ତି ନିର୍ମାଣର କୌଶଳ
ଶିଖିବେ, ଅଧିକାରୀ ହେବେ ଏକ ରୋମକ ଧର୍ମର;
ଗୋଟିଏ ଭେଳାରେ ବସି ପ୍ରେତପୁରୀ ନଦୀର ବନ୍ୟାରେ
ଏକ ସଙ୍ଗେ ଯିବେ ଭାସି ମାରିଅସ୍, ଯୁଗୁର୍ଥା।

ଅନ୍ତ୍ୟେଷ୍ଟିକ୍ରିୟାରେ ମୋର, ଗୃହ ଆଉ କୁଳ ଦେବତାର
ସଙ୍କେତ ସୂଚାଇ ହେବ ନାହିଁ ଆଡ଼ମ୍ବର କିଛି,
ମୋର ଶୂନ୍ୟତାରେ ଭରିବନି ତୂର୍ଯ୍ୟର ନିନାଦ,
ଶରୀର ମୋ ରଖିବନି ମହାର୍ଘ ଶଯ୍ୟାରେ;
ଦେବ ନାହିଁ ସୁବାସିତ ବସ୍ତ୍ର-ଆବରଣ।
ସାଧାରଣ ଜନତାର ଛୋଟ ଶୋଭାଯାତ୍ରା।
ମୋହ ପାଇଁ ଯଥେଷ୍ଟ ହୋଇବ, ଆଉ ବେଶି ହେଲେ

ରହିବ ତିନୋଟି ବହି ମୋ ଶେଷ କୃତ୍ୟରେ
ପର୍ସିଫୋନ୍‌ଙ୍କୁ ଦେବା ପାଇଁ, ମୁଁ ଭାବୁଛି।
ହେବ ନାହିଁ ଅନୁପଯୁକ୍ତ ତା'।

ଅନୁସାରୀ ହେବ ତମେ ଉନ୍ମୁକ୍ତ ସେ ବିକ୍ଷତ ସ୍ତନର
ନ ହେଲେ ମୋ ନାମ ଧରି ଡାକିବାକୁ କ୍ଳାନ୍ତ ହେବ ତମେ,
ହୋଇବ ଆହୁରି କ୍ଳାନ୍ତ ଦେବା ପାଇଁ ଅଧରେ ମୋ
ଅନ୍ତିମ ଚୁମ୍ବନ
ସିରିଆର ମଣିଖମ୍ବ ଭାଙ୍ଗିଯିବ ଯେବେ।

"ଆଜି ଯିଏ ପ୍ରାଣହୀନ ଧୂଳିର କଣିକା"
"ଦିନେ ସିଏ ଥିଲା ଏକ କାମନାର ଦାସ।"
ଭଲ ଭାବେ କର ହେ ଉଲ୍ଲେଖ
"ମୃତ୍ୟୁ କିପାଁ ଆସେ ଏତେ ମନ୍ଥର ଗତିରେ ?"

ତିରୋହିତ ବନ୍ଧୁ ପାଇଁ ତମେ ବେଳେ ବେଳେ କରିବ ରୋଦନ।
ତାହା ପରମ୍ପରା ଗତ :
ମୃତଜନ ପାଇଁ ତାହା ହୃଦ ସଂବେଦନା,
ଭାରତରେ ଆଡ଼ୋନିସ୍‌ର ହତ୍ୟା ହେଲା ଦିନ
ସିଥେରିଆ ଦେବୀ ଧାଏଁ ମୁକ୍ତ କେଶେ କାନ୍ଦି କାନ୍ଦି ପଥେ,
କେବଳ ବୃଥାରେ, ଫେରି ଡାକ ତମେ ସେ ଛାୟାରେ,
କେବଳ ବୃଥାରେ, ସିନ୍ଥିଆ। ପ୍ରତ୍ୟୁତ୍ତରହୀନ ସେହି
ଛାୟାରେ ଡାକିବା କେବଳ ଯେ ବୃଥା,
ଛୋଟ ଛୋଟ ହାଡ଼ର ଭିତରୁ ଆସେ ଛୋଟ କଥା।

ମୋହ ପକ୍ଷେ ସୁଖ ରାତ୍ରି ଏହି, ରାତ୍ରି ଏ ଯେ ଉଜ୍ଜ୍ୱଳତାମୟ;
ପ୍ରଲମ୍ବ ଆନନ୍ଦେ ମୋର ଶଯ୍ୟା ଆନନ୍ଦିତ;
ଅସଂଖ୍ୟ ବର୍ତ୍ତିକା ତଳେ କଥିତ ହୁଅଇ ଏ ଯେ
କେତେ କେତେ ଭାଷା,

ଆଲୋକର ସ୍ଥାନାନ୍ତର ପରେ ଜାଗଇ ସଂଗ୍ରାମ,
ଏବେ ନାରୀ ତାର ନଗ୍ନ ସ୍ତନଯୁଗ ବହି
ମୋ ସଙ୍ଗରେ ମଲ୍ଲଯୁଦ୍ଧ କରେ,
କ୍ରମେ ଲୋଟି ପଡ଼େ ତାର
ତନୁର ନିଚୋଳ;
ତାହା ପରେ ନାରୀ ସେହି ଖୋଲି ମୋର ଆଖିର ପଲକ
ଶୋଇପଡ଼େ ତହିଁ;
ଅଧର ତା' ରହେ ମୋର ପଲକ ଉପରେ, ମୁଖ ତାର କହେ :
ଅକର୍ମା-ଗର୍ଦ୍ଦଭ !

ଯୁଗଳ ତନୁର କେତେ ବାହୁ ଭଙ୍ଗିମାରେ
କେତେ କେତେ ଆଲିଙ୍ଗନ
ଉଠିଲା ବିକଶି,
ଅସଂଖ୍ୟ ଚୁମ୍ବନ ତାର ମୋ ଅଧରେ ପ୍ରଲମ୍ବିତ ହେଲା ।

"ପ୍ରଣୟ ଆବେଶ ମୋର ରତି ପ୍ରତିମାରେ ଅନ୍ଧ ନାହିଁ କର,
ନୟନ ପ୍ରେମର ସିନା ପଥ ପ୍ରଦର୍ଶକ,
ମେନେଲସ୍ ଶଯ୍ୟାରୁ ଆସି ହେଲେନ୍ ସୁନ୍ଦରୀ
ଉଲଗ୍ନ ରୂପରେ ତାର କରିଥିଲା ପ୍ୟାରିସ ପାଗଳ,
ନଗ୍ନ ତନୁ ଏଣ୍ଡିମିଅନ୍‌ର, ଡାଏନା ଦେବୀର ପାଇଁ
ଲୋଭନ ନୈବେଦ୍ୟ,"
—ସଂକ୍ଷେପରେ ଏହାହିଁ କାହାଣୀ ।

ଉଭୟଙ୍କ ଭାଗ୍ୟ ଆମ ଏକସୂତ୍ରେ ବନ୍ଧା,
ପ୍ରେମେ ତୃପ୍ତ ହୋଇଅଛି ଉଭୟର ଆଖି,
ଦୀର୍ଘ ରାତ୍ରି ନଇଁଆସୁ ତମରି ଉପରେ
ଏହିଦିନ ଛଡ଼ା ଆଉ ଦିନ ନାହିଁ ଆସୁ ।
ଦେବତା ଦେଉ ସେ ରଚି ସୁଦୃଢ଼ ବନ୍ଧନ
ସହସ୍ର ଦିବସ ତାହା ଛିନ୍ନ କରି ନ ପାରିବ କେବେ ।

ପ୍ରେମ-ଉନ୍ମାଦନା ପରେ ସମୟର ସର୍ତ୍ତ ଚାପିବାକୁ ପ୍ରୟାସ ଯେ କରେ
ନିର୍ବୋଧ ସେ ସିନା,
ସୂର୍ଯ୍ୟ ରଥ ଚାଲିଯାଏ କଳା ଘୋଡ଼ା ଯୋଚି,
ଧରଣୀ ଦିଆଇ ଆଣି ବାର୍ଲିରୁ ଗହମ,
ବନ୍ୟା ବ୍ୟାପିଯାଏ ପୁଣି ଝରଣାର ମୁଖେ
ଜାଣିବା ପୂର୍ବରୁ ପ୍ରେମ ସଂଯମନ କ୍ରିୟା,
ଶୁଖିଲା ଶ୍ରୋତରେ ମାଛ ପାରିବ ପହଁରି।
ନାଁ, ଯେବେ ଏହା ସମ୍ଭବ ହୋଇବ, ଜୀବନର ଫଳ ଲାଭେ
ରୋଧ କର ନାହିଁ।

ଝଡ଼ିପଡ଼ି ଶୁଷ୍କ ମାଳିକାରୁ ଫୁଲର ପାଖୁଡ଼ା,
ବୃନ୍ତ ତା ହୋଇଛି ଗୁନ୍ଥା ଚାଙ୍ଗଡ଼ା ଦେହରେ,
ପ୍ରେମିକର ଲାଗି ଆମେ ଆଜି ଏ ଯେ ଦୀର୍ଘଶ୍ୱାସ ଢାଳୁ,
ବନ୍ଦ ହେବ କାଲି ତାହା ଭାଗ୍ୟର ନିର୍ଦ୍ଦେଶେ।

ଯଦି ତମେ ଦେଲ ଢାଳି ଅଧରର ସକଳ ଚୁମ୍ବନ
କିଛି ଦେଇ ନାହଁ ବୋଲି ହୁଅଇ ପ୍ରତ୍ୟୟ।

ନିଜର ବେଦନା ମୁହିଁ ନ ପାରିବି ଅନ୍ୟ ଦେହେ ନେଇ,
ତା ଇଚ୍ଛା ପୂରଣ ପାଇଁ କରିବି ମୁଁ ମରଣ ବରଣ।
ଯଦି ସେହି ନାରୀ ଦିଏ ମୋ ଉପରେ ସୁଖ ରାତ୍ରି ଢାଳି,
ଜୀବନ ମୋ ଦୀର୍ଘ ହେବ, ବର୍ଷ ବର୍ଷ ବ୍ୟାପୀ,
ଯଦି ସେ କରିବ ମତେ ପରିପୂର୍ଣ୍ଣ ସୁଖରେ ମଣ୍ଡିତ,
ମୁଁ ହେବି ଈଶ୍ୱର ସେହି ସମୟର ଲାଗି।

ଚକ୍ରୀକୃତ ଦୁଇଟି ଉତ୍ତପ୍ତ ତନୁ-ମିଳନରୁ ଉଠୁଥିଲା ଯେ ସବୁ ନିନାଦ
ତାହା ନିରବିଲା।
ଅଗ୍ନିର କଣାରେ ଏବେ ନିକ୍ଷିପ୍ତ ହୋଇଲା ଶୁଷ୍କ ପତ୍ର ଯଥା;
ତଥାପି ନ ହୁଏ ନଭେ ଚନ୍ଦ୍ରର ଉଦୟ।

କିନ୍ତୁ ଅଶୁଭସୂଚକ ସେହି କୃଷ୍ଣ ପେଚକର ରାବ ଶୁଣାଯାଏ

ଗୋଟିଏ ଭେଳାରେ ଆମ ଭାଗ୍ୟ ବନ୍ଧା ଅଛି
ଅଜଣା ହ୍ରଦରେ ତାହା ଭାସି ଚାଲେ 'ଆଭେର୍ନସ୍' ପଥେ,
ଘନ ନୀଳଜଳେ ଯାଏ ଭାସି ସେହି ଭେଳା, ମୁଁ ଢାଳିବି
ଅଶ୍ରୁ ଏବେ ଉଭୟଙ୍କ ପାଇଁ;

ଯଦି ସେ ଜୀବନ ଧରେ, ମୁଁ ବଞ୍ଚି ରହିବି,
ଯଦି ସିଏ ମୃତ୍ୟୁ ଲଭେ, ମୁହିଁ ଯିବି ତାହାର ସହିତେ।
ହେ ଜିଅସ୍ ମହାବାହୁ, ରକ୍ଷାକର ସେ ନାରୀରେ ତମେ,
ନତୁବା ସେ ତମ ପଦତଳେ ବସ୍ତ୍ରାବଗୁଣ୍ଠିତା ହୋଇ
ବସି ଯେ ରହିବ, କହିବ ତମକୁ ତାର ଯନ୍ତ୍ରଣାର
ଅଶେଷ ବାରତା।

ପର୍ସିଫୋନ୍ ଆଉ ଜିସ୍, ଜିସ୍—ଆହେ ପାତାଳ ଦେବତା।
କୃପା କର ସେ ନାରୀରେ ତମେ।
ନରକରେ ଛନ୍ତି ବହୁ ନାରୀ,
ଅଛନ୍ତି ସେଠାରେ କେତେ ସୁନ୍ଦରୀ ଲଲାମ,
ଆଇଓପ୍ ଓ ଟାଇରୋ, ପାସିଫେ,
ଆଉ ପୁଣି "ଆକେଆ"ର
ସାଧାରଣ ବାଳିକା ସେ କେତେ,
ଟ୍ରୋଡ୍ ଆଉ କାମ୍ପାନିଆ ବାଳିକାର ଦଳ,
ମଜଳର ପରେ ମୃତ୍ୟୁ ଦେଇଅଛି ଦଶନ ବସାଇ,
ଆଭେର୍ନସ୍—ଗୌରବ ସେ ଚାହିଁ ରହେ
ସେ ସକଳ ଆଶେ,
ରୂପ ନୁହେଁ ଚିର, କାହାରି ଭାଗ୍ୟରେ ନାହିଁ ନିତ୍ୟ ସୁଖ ଲେଖା,
"ପଦ ତା ବିଳମ୍ବ ହେଉ, ଅଥବା ସତ୍ୱର,
ମୃତ୍ୟୁ ଯଦି ହୁଏ ବିଳମ୍ବିତ, ତାହା ଜମା
ମାସେ ପକ୍ଷେ ପାଇଁ।

ଆଲୋକ, ଆଲୋକ ମୋର, ଚକ୍ଷୁର ଆଲୋକ,
ବିରାଟ ବିପଦ ମୁଖୁ ତମେ ବର୍ତ୍ତିଅଛ,

ଡାଏନା ଦେବୀର ନୃତ୍ୟେ ଅଛି ଯହିଁ ଉପଯୁକ୍ତ ଦାନ
ଫେରିଯାଅ ତହିଁ,
ସେ କୁମାରୀ ଅଧିଷ୍ଠାତ୍ରୀ ଦେବୀ ଡାଏନାରେ
ନିଶି ଜାଗରଣ-ଋଣ କର ହେ ପୂରଣ,
ଆଉ ମଧ୍ୟ ମୋର ଋଣ କର ପରିଶୋଧ :
ତମେ ଦେଇଥିଲ କଥା ମୋ ସଙ୍ଗରେ ଦଶ ରାତି
ଯାପନର ଲାଗି।

ଆଲୋକ, ଆଲୋକ, ମୋର ଚକ୍ଷୁର ଆଲୋକ,
ବହୁତ ବିଳମ୍ବେ ଏବେ ମୁଁ ଖୋଜେ ତମକୁ,
ହୋଇଅଛି ନିଶାଗ୍ରସ୍ତ ମୁହିଁ
ନାହିଁ କେହି ଭୃତ୍ୟ ମତେ ନେବ ପଥଚାଳି,
ଅପର ପାର୍ଶ୍ୱରୁ ଆସିଥିଲେ ସାନ ସାନ ବାଳକର ଦଳ,
ନ ଜାଣେ ମୁଁ କିଏ ସେ ସେମାନେ;
କିନ୍ତୁ ମୁହିଁ ଭୟ ପାଇଅଛି ସେମାନଙ୍କ ସଂଖ୍ୟା କଳନାରେ,
ସେମାନଙ୍କ ମଧ୍ୟୁ କେତେ ଛୋଟ ଛୋଟ ଆଲୋକ ବର୍ତ୍ତିକା
କରିଲେ କମ୍ପନ।
ଆଉ କେତେ ଧରିଥିଲେ ତୀର,
ଅବଶିଷ୍ଟ ବାଳକର ଦଳ ମୋ ଉପରେ ଘେରାଇଲେ ବେଢ଼ୀ,
ସେ ସମସ୍ତେ ହୋଇଥିଲେ ଉଲଗ୍ନ, ବିବସ୍ତ୍ର,
ଆଉ ଏକ ଦଳ ହୋଇଥିଲେ କାମନାରେ ଭୋଳ।

"ସୁବାସିତା ନାରୀ ସେହି ଆମ ସୁଖଲାଗି
ସେ ପୁରୁଷେ କରିଛି ଅର୍ପଣ।"
ସେହିପରି ହୋଇଛି କଥିତ। ଆଉ ମୋ ଗଳାରେ
ଘେରିଅଛି ଫାଶ।
ଅନ୍ୟ ପୁଣି କହେ "ମଝି ପଥେ ପୂରାପୂରି ତାକୁ
ଅକ୍ତିଆର କର!
"ଠେଲି ଦିଅ, ଠେଲିଦେଇ ଯାଅ"!
ଅନ୍ୟ ଜଣେ କହିଉଠେ ତହିଁ :
"ଆମକୁ ଦେବତା ବୋଲି ଭାବେ ନାହିଁ ସିଏ,
ଆରବ୍ୟ ସୁରଭି ଠାରୁ ଅଧିକେ ବାସିତା,
ଏକ ନୂଆ ସିଡୋନିଆନ ନୈଶ ଟୋପି ପିନ୍ଧି

ଅପେକ୍ଷା କରିଛି ନାରୀ ଦୁରାଚାରୀ ପୁରୁଷର ପାଇଁ,
ଈଶ୍ୱର ଜାଣନ୍ତି ଅଛି କାହିଁ ସେଇ
ଦୁରାଚାରୀ ରହି।
ନାରୀ ସେ ଉନ୍ମୁକ୍ତ ରଖି ପାରେ ନାହିଁ ଚକ୍ଷୁର ପଲକ।

ଗୃହର ନିକଟ ପଥେ ଆମେ ପହଞ୍ଚିଲୁ,
ସାଥୀଜନ ଦେଲେ ମୋର ଅଙ୍ଗରଖା ପୁଣି ଥରେ ଝାଡ଼ି,
ସମୟ ସକାଳ, ଚାହୁଁଥିଲି ମୁହିଁ ଜାଣିବାକୁ
ଏକାକିନୀ ଥିବ କି ସେ,
କରୁଥିବ ବିଶ୍ରାମ ବିନୋଦ,
ଆଉ ତାହା ହେଲା,
ଶଯ୍ୟାରେ ଶାୟିତା ଥିଲା ସିନ୍ଥିଆ ଏକାକୀ।
ସ୍ତମ୍ଭୀଭୂତ ହୋଇଗଲି ମୁହିଁ।

ଏପରି ସୁନ୍ଦର ରୂପ ତାର କେବେ ଦେଖିଥିଲି ନାହିଁ,
ପାଟଳ ପୋଷାକେ ମଧ୍ୟ ଦେଖି ନାହିଁ ତାରେ ମୁହିଁ
ଏସନ ସୁନ୍ଦରୀ।
ମୋର ଦୃଷ୍ଟି ପଥେ ଏବେ ଯେ ଦୃଶ୍ୟ ଫୁଟିଲା
ସୌନ୍ଦର୍ଯ୍ୟର ଖାଣ୍ଟି ରୂପେ ମୂଲ୍ୟ ଯେ ରଖିଛି
ତାହା ତମେ ଦେଖି ବି ପାରିବ।

"ଅତି ସକାଳରୁ ତମେ ଆସିଅଛ ନାରୀ ଦେଖିବାକୁ।
"ତମରି ଅଭ୍ୟାସ ମୁହିଁ ଆଚରିଛି ବୋଲି ତମେ କଣ ଭାବ?"
ତୁମୁଳ ସଂଘର୍ଷ ଲୀଳା ଘଟିବାର ଚିହ୍ନ
ଶଯ୍ୟାପରେ ନ ଥିଲା ତ କିଛି,
ଦ୍ୱିତୀୟ ବାର କାର୍ଯ୍ୟର ନ ଥିଲା ତ
ଚିହ୍ନ ପୁଣି ଜମା!

ନାରୀ ସେ କହିଲା ପୁଣି :
"ପରସଙ୍ଗ ସମ୍ଭୋଗର ଘଟନା ସର୍ଜନେ ଧୁରନ୍ଧର ଯଦି
ଅଶରୀରୀ ପ୍ରେତ,
"ତମ ଦେହ ମୋ ଦେହରେ ପେଷିତ ହେବାର
ସ୍ୱପ୍ନ ମୁହିଁ ଦେଖି ନାହିଁ ଜମା।

"ଯାଉଛି ମୁଁ ଭେଷ୍ଟା ଦେବୀ—ହିଙ୍ଗୁଳା ପୀଠକୁ ଆରାଧନା ପାଇଁ ..."
କହିଲା ସେ ଏହିପରି କେତେ।

ସେହିଦିନ ଠାରୁ ସୁଖକର ରାତ୍ରି ଆଉ ଯାପି ନାହିଁ ମୁହିଁ।

କିଏ, କିଏ ଅଛି ଏପରି ସେ ଲୋକ
ବନ୍ଧୁର ଜିମାରେ ଯିଏ ଛାଡ଼ିଦେଇ ନିଜର ତରୁଣୀ ?
ସାଧୁତାର ଆଶ୍ରା କରି ହୋଇଥାଏ ପ୍ରେମର ପ୍ରବେଶ;
ଦେବତା କରିଛି ପୁଣି ଲଜ୍ଜାର ବିକାଶ;
ପ୍ରତ୍ୟେକେ କରନ୍ତି ନିଜ ରୋପିତ ବୃକ୍ଷର ଫଳ-ଭୋଗ-ଆଶା;
ସଜନ ଓ ସମଞ୍ଜସ ବ୍ୟକ୍ତି କାମାତୁର ହେଲେ
ଦ୍ୱନ୍ଦ୍ୱଯୁଦ୍ଧେ ହୁଅଇ ନିକ୍ଷିପ୍ତ,
ଟ୍ରୟ ଅଧିବାସୀ ଆଉ ବ୍ୟଭିଚାରୀଗଣ ମେନେଲସ୍ ଆସିଥିଲେ
ସେବାବୃତ୍ତ ଧରି,
'କଲିକିସ୍'ର ଦୃଷ୍ଟାନ୍ତ ବି ଅଛି,
ଜାସନ୍ ଆଉ ପୁଣି ସେହି କଲକିସ୍‌ର ନାରୀ,
ଆଉ ଲିନ୍‌ସିଅସ ସହ,
ତମେ ହେଲ ମଦ୍ୟପାନେ ଭୋଳ।

ଏପରି ଶୃଙ୍ଖଳାହୀନ କାର୍ଯ୍ୟ ତମେ ପାରିବ କି ବରଦାସ୍ତ କରି ?
ଖ୍ୟାତି ନାହିଁ ସେ ନାରୀର ସାଧୁତାର ପାଇଁ,
କିନ୍ତୁ ହୃଦୟରେ ଛୁରୀ ମାରିବାଠୁଁ ବରଂ ଶ୍ରେୟ ଗରଳ ଭକ୍ଷଣ,
ହେ ପ୍ରିୟ ବାଳକ ମୋର, ପ୍ରିୟ ଲିନ୍‌ସିଅସ୍,
ହେ ମୋ ସାଥୀ, ଜୀବନର ସାଥୀ,
ମୋର ସର୍ବ ସମ୍ପଦର ସାଥୀ, ହେ ଦୋସର;
ଏକଇ ଶଯ୍ୟାରେ ଆହେ ପ୍ରିୟ ଲିନ୍‌ସିଅସ୍
ତମ ଉପସ୍ଥିତି ମୁହିଁ ନ କରେ କାମନା;
ଏହାହିଁ ମୋ ପ୍ରତି ହେଉ ଦେବତାର କୃପା।

ହର୍କ୍ୟୁଲସ୍ ସହ ଥିଲା ପ୍ରତିଯୋଗୀ ଯିଏ
ଲେଖିଅଛ ତମେ ସେହି ଆକେଲସ୍ କଥା,
ଲେଖିଅଛ ତମେ ପୁଣି ଆଡ୍ରାଷ୍ଟସ୍—ଅଶ୍ୱର କାହାଣୀ
ଆଉ ଆକେନୋର—ଶେଷ କୃତ୍ୟ ବିଧାନର କଥା,
କିନ୍ତୁ ଆଣ୍ଟିଲସ୍‌ର ଅନୁକୃତି ନ ଛାଡ଼ିବ ତମେ।
ଆଣ୍ଟିମେକସ୍‌କୁ ଯଦି ତମେ ବିଖଣ୍ଡିତ କର,
'ହୋମର' ସୃଷ୍ଟିର ପାଇଁ ତମେ ଯେ ଚାଲିଛ
ଏହା ତମେ ଭାବ।
ତଥାପି ବାଳିକା ଏକ କରୁଅଛି ଦେବତାର ନିନ୍ଦା,
ଏହି ସବୁ ଯୁବତୀ ଭିତରୁ କେହି ହେଲେ ଜଣେ
ପୃଥିବୀର ସୃଷ୍ଟି ତତ୍ତ୍ୱ ଜାଣିନାହିଁ କିଛି,
ଜାଣି ନି କାରଣ ମଧ ଚନ୍ଦ୍ର ଗ୍ରହଣର
ନରକର ତପ୍ତ ଢେଉ ଅତିକ୍ରମ ପରେ
କି ଘଟିବ ଭାବି ନାହିଁ କିଛି ହିଁ ବିଷୟ,
ଅଦୃଷ୍ଟର ଉପହାସେ ବଜ୍ରପାତ କଥା,
ଭାବି ନାହିଁ ଗୁରୁତର ବିଷୟ ସେ କିଛି।

ଆକ୍‌ଟେଅନ୍ ଜଳା ଭୂମିପରେ ଭର୍ଜିଲ୍ ସେ କବି
ସୂର୍ଯ୍ୟଙ୍କର ପ୍ରଧାନ ପୁଲିସ,
ସିଜାରର ବଡ଼ ବହିତ୍ରକୁ କ୍ଷୁଦ୍ର ସିଏ କରି ଦେଇ ପାରେ।
ଇଲିଅଡ଼ୀ ଅସ୍ତ୍ର ସିଏ ଝଲସାଇ ଦିଏ,
ଆଏନିସ୍‌ର ଟ୍ରୋଜାନ୍ ଅସ୍ତ୍ରକୁ ଦିଏ ସେ ଥରାଇ
ଲାଭିନିଆ ନେଳାଭୂମି ପରେ ଭଣ୍ଡାଳ ସେ ଗଢ଼େ।

ମାର୍ଗ ଛାଡ଼, ହେ ରୋମକ କବି,
ପଥ ପରିଷ୍କାର କର ତମେ ହେ ଗ୍ରୀସୀୟ।
ବିଚଳିତ ହେଉଅଛି ସୁବିରାଟ 'ଇଲିଅଡ୍' କାବ୍ୟ,
ପଥ ପରିଷ୍କାର କର ଆହେ ତମେ ଗ୍ରୀକ୍!

X X X X

ସୌହାର୍ଦ୍ଦ୍ୟ

ପୁରାତନ ଘନିଷ୍ଠ ବନ୍ଧୁ—ଡବଲ୍ୟୁ. ବି. ଓ୍ୟାଇ.

୧

(ଜଣଙ୍କ ପ୍ରତି, କେତେକ ବର୍ଷପରେ ପ୍ରତ୍ୟାବର୍ତ୍ତନ କରି।)

ତମେ ସେହିପରି ଅବିକଳ ପୋଷାକ ପିନ୍ଧିଥିଲ,
ମୋର ବିଜୟରେ ତମେ ଆଦୌ ଆନନ୍ଦିତ ହୋଇ ନ ଥିଲ,
ତମ ଭିତରେ ସେହି ଆଗ ବେଳର ଶିଷ୍ଟାଚାର
ଏକ କୌତୂହଳୋଦ୍ଦୀପକ ଭୟରେ ମୂର୍ଚ୍ଛିତ ହୋଇ
ଡରି ରହିଥିଲ
　　　　ମୁଁ ଯାହାକୁ, ନିଜେ, ଉପଭୋଗ କରିଛି।
ତମେ ମଧ୍ୟ ହେବ ଅମରତ୍ୱର ଅଧିକାରୀ।

୨

(ଅନ୍ୟ ଜଣଙ୍କ ପ୍ରତି।)

ତମଠାରେ ମଧ୍ୟ ବିଦାୟର ଭିକ୍ଷା ଆମେ କରୁ,
କାରଣ ତମର ବନ୍ଧୁତା ଯେ ସମ୍ପୂର୍ଣ୍ଣ ପରାଙ୍ଗପୁଷ୍ଟ
ତମେ କେବେ ତାହାର ସନ୍ଧାନ କଲାପରି ଜଣା ଯାଏନା;
ତଥାପି ମଧ୍ୟ ଆମର ଆନନ୍ଦ ପାଇଁ
ତମେ ଢାଳିନାହଁ କେବେ ବୁଦ୍ଧିର ଝଲକ କିମ୍ବା
　　　　　　　　　　　　ଥରେ ଭଲ ବ୍ୟବହାର
　　　　କିମ୍ବା ଦେଇନାହିଁ ଅନ୍ତେବାସୀ ସୁଲଭ ସେ
　　　　　　　　　　　　ପ୍ରୀତିକର ହାବଭାବ କିଛି।

୩

କିନ୍ତୁ ତମେ, ଆମେ ଜାଣୁ ଯାହା କରିଅଛ
ତମଠାରେ ବାସ୍ତବରେ ଅଟୁ ଆମେ ଋଣୀ :
ଏହି ସବୁ ତ୍ରୁଟି ସତ୍ତ୍ୱେ ତମେ କରିଥିଲ
ଏକ ଶସ୍ତା ଭୋଜନାଗାର ଆବିଷ୍କାର।

ପଦାବଳୀ—୩୮

ପୁଣି ସେହି ବର୍ଷ ମେଟେଭ ସ୍କି ଗଲେ ଆମେରିକା
(ଆଉ ଭେଟିକାନ୍‌ରେ ରହି, ପୋପ୍‌ଙ୍କ ଆଚରଣ
ହୋଇଥିଲା ଜୟସ୍‌ଙ୍କ ଭଳି, ନ ଥିଲା ପୂର୍ବରୁ ତାହା)
ମାର୍କୋନି ଆଣ୍ଠୁମାଡ଼ି ବସିଥିଲେ ପ୍ରାଚୀନ ପ୍ରଥାରେ
ଜିମି ଓ୍ୟାକରଙ୍କ ଭଳି ଗାଇ ମୁଖରେ ପ୍ରାର୍ଥନା ।
ମହାମାନ୍ୟ ପୋପ୍ ପ୍ରକାଶିଲେ ଧୀର ଭାବେ ନିଜର ବିସ୍ମୟ
କିପରି ସେ ବାୟୁମଣ୍ଡଳରେ ବୈଦ୍ୟୁତିକ କମ୍ପନର
ପଛେ ଗୋଡ଼ାଇଲେ ।
ଲୁକ୍ରେଜିଆ ଲୋଡ଼ିଥିଲେ ଏକ ଗୋଟି ଠେକୁଆର ଗୋଡ଼,
ଆଉ ମେଟେଭ୍ ସ୍କି କହିଥିଲେ ଗୋଟିଏ ପକ୍ଷକୁ
(ତିନୋଟି ସନ୍ତାନ, ପାଞ୍ଚୋଟି ଗର୍ଭପାତ ଆଉ
ଶେଷ ଗର୍ଭପାତେ ସେ ମରିଲା)
ସେ କହିଲେ : ଅନ୍ୟାନ୍ୟ ବାଳକମାନେ
ଗୋଳାଗୁଳି ପାଇଲେ ଅଧିକ
(ତେଣୁ ଚୁରୁଟ ବଳାଳୀ ଯାହାଙ୍କର କାର୍ଯ୍ୟ ବନ୍ଧା
ଅତିଶୟ ପୁନରାବୃତ୍ତରେ ସେହିମାନେ କରି ପାରିବେ
ପ୍ରାୟ ସ୍ୱୟଂକ୍ରିୟ ଭାବେ ଆବଶ୍ୟକ କାର୍ଯ୍ୟ
ଆଉ ସେଥି ସଙ୍ଗେ ସଙ୍ଗେ ଯେଉଁମାନଙ୍କୁ ଭଡ଼ାରେ
ଆଣି ଲଗା ଯାଇଛି ମାନସିକ ପ୍ରମୋଦ ବିଧାନର ଲାଗି
ଶୁଣି ପାରିବେ ସେମାନଙ୍କ ପାଠର ବିଷୟ;
ଡେକ୍ସଟର କିମ୍ବାଲ ୧୯୨୯)

ଆମର ଜିନିଷ ନ ପାଇବା ପର୍ଯ୍ୟନ୍ତ ତମେ କିଛି ଖରିଦ କରନା ।
ଏହା କହିଗଲେ ସିଏ ସୀମାନ୍ତ ଅଞ୍ଚଳେ
ଆଉ ଶୁଣାଇଲେ ଅପର ପକ୍ଷକୁ :
'ଅପର' ପକ୍ଷ ହାତରେ ରହିଛି ବହୁତ ଅସ୍ତ୍ରଶସ୍ତ୍ର
ଆମର ଜିନିଷ ନ ପାଇବା ପର୍ଯ୍ୟନ୍ତ
ତମେ କିଛି ଖରିଦ କରନା ।

ଆଉ ଆକର୍ସ କହିଥିଲେ ଯଥେଷ୍ଟ ଲାଭ
ବିଲାତକୁ ଆମଦାନି କରିଥିଲେ ସୁନା ।
ଏହିପରି ବୃଦ୍ଧି ପାଇଲା ସୁନା ଆମଦାନି ।
ସଦୟ ପାଠକମାନେ ଶୁଣିଛନ୍ତି ପୂର୍ବରୁ ଏ କଥା
ସେହ ବର୍ଷ ହ୍ୱାଇଟ୍‌ନି
କହିଥିଲେ ଛୋଟ ଛୋଟ ବିକ୍ରିବଟା କିପରି ଦର୍କାରୀ,
ଆମେ ମନେ କରୁ ସେ କହିଲେ ଦଲାଲମାନଙ୍କୁ
ଆଉ କେହି ତାଙ୍କୁ କହିଲେନି ମିଥ୍ୟାବାଦୀ ବୋଲି ।
ଜେନେଭାକୁ ଆସିଥିଲେ ଦୁଇଜଣ
ଆଫଗାନୀ ଲୋକ
ଦେଖିବାକୁ ଶସ୍ତାରେ ମିଳିବ ଯଦି
ବନ୍ଧୁକ ଓ ହାତ ହତିୟାର,
କାରଣ ସେ ଶୁଣିଥିଲେ
ଦେଶ ଏକ ନିରସ୍ତ୍ର ହେଉଛି ।
ଆଉ ଏକ ପ୍ରତିଷ୍ଠାନର ସେକ୍ରେଟେରୀ ଜଣେ
ତୈଳ କୂପରୁ କରିଥିଲେ କିଛି ଅର୍ଥର ବରାଦ
(ମହାମହିମ ଈଶ୍ୱରଙ୍କ ନାମେ ମିଷ୍ଟର ଡ୍ୱି'ଆସି
ଆଜିଠାରୁ ଅଗାମୀ ପଚାଶ ବର୍ଷଯାଏ
ପାରସ୍ୟର ମୃତ୍ତିକା ଖନନ କରି ତୈଳୋଦ୍ଧାର ପାଇଁ
ପାଇଲେ କ୍ଷମତା...)
ମିଷ୍ଟର ମେଲନ୍ ଗଲେ ଇଂଲଣ୍ଡକୁ
ଆଉ ସେହି ବର୍ଷ ମିଷ୍ଟର ୱିଲସନ୍
ଭୋଗିଥିଲେ ମୂତ୍ରାଶୟ ଗ୍ରନ୍ଥିର ପ୍ରଦାହ

ଆଉ ସେହିବେଳେ ଶୁଣାଗଲା ନୂତନ ତ୍ରାଣକର୍ତ୍ତାଙ୍କ ନାମ
(ଆଉ ଟିକେ ଶୀଘ୍ର ତାହା ଘଟିବାର ଥିଲା)
ଆଗଟ୍ ଇପସ୍ୱିଚ୍ କୁତିଟାର ପାଇଁ
ମାନନୀୟା ମହିଳା ସେ କାଟିଦେଲେ ଜେନିଙ୍କର ଭତ୍ତା
ପୁଣି ସେହି ବର୍ଷ (ତାହା ହେବ ୨୦ ରୁ ୧୮ ବର୍ଷ ସତ୍ୱର)
ଲୋକେ ଲକ୍ଷ ଲକ୍ଷ ସଂଖ୍ୟାରେ ମାରିବା ଆରମ୍ଭ କରିଦେଲେ
କାରଣ ଫ୍ରାଙ୍କୋଇସ୍ ଗିସେପ୍ ନାମରେ ଦେଖା ଦେଇଥିଲା
ବର୍ଲିନ୍‌ରେ ଉକୁଣି ସେ ଏକ
ଆଉ ଏକ ଚିକିଣିଆ ଜାରଜ ଅଷ୍ଟ୍ରିୟାରେ।
"ଯୁଦ୍ଧ କଣ ଲାଗିବ?" "ନା, ମିସ୍ ଓ୍ୟାଲେଟ୍,
"ଲାଗିବନି କେତେକ କାରଣ ଯୋଗୁ।"
କହିଲା ସାବୁନ ଆଉ ହାଡ୍ ବ୍ୟବସାୟୀ ୧୯୧୪
ମଇ ମାସରେ
ଆଉ ମିଷ୍ଟର ଗାନ୍ଧି ଭାବରେ :
ଯଦି ଆମେ ନ କିଣୁ କିଛି ହେଲେ ତୁଳା
ଆଉ ତା ସାଙ୍ଗରେ ନ କିଣୁ ଗୋଟିଏ ହେଲେ ବନ୍ଧୁକ...
ମନସିଅର୍ ଅଣ୍ଟେଲ୍‌ଙ୍କ ଦେଖା ମିଳିଲାନି ଜକି କ୍ଲବରେ
...କିନ୍ତୁ ତାହାପରେ ଦେଖା ଦେଲେ ସେ ଜାପାନରେ
ସିଏ ଆଉ ଅନ୍ୟ ଲୋକ ମିଶି
ମିତ୍‌ସୁଇରେ ଅଂଶ ଖରିଦ କଲେ।
"ବନ୍ଧୁକ ତିଆରି ପାଇଁ (ଓ୍ୟାଲଟଟ୍) କାଠ
ବରାବର ଲୋଡ଼ା"
ଆଉ ମସ୍କୋ ବାହାରେ ସେମାନେ ଖୋଲିଲେ
ଏକ ଘଡ଼ି କାରଖାନା
ଆଉ ସେଇ ଘଡ଼ି ସବୁ ଠିକ୍ ସମୟ ରଖିଲା...
ଇଟାଲିର ଜଳାଭୂମି
ତାହିଁ ରହିଥିଲା ଟାଇବେରିଅସ୍ ସମୟଠାରୁ...
"ସତେ" ପଚାରିଲା ବିବ୍, "ମାଛ ସବୁ ସମୁଦ୍ରରେ
କିପରି ବଞ୍ଚନ୍ତି।

ବିଭୋର, ସ୍ପେନର ଏକଛତ୍ରପତି, ଆଜ୍ଞା ପ୍ରଦାନିଲେ
ପିତୃଗୁଣ ପ୍ରକାଶିବା ପାଇଁ ଶିଶୁ ଯେ ଅକ୍ଷମ
ଅଟେ ଦୈହିକ-ଶକ୍ତିରେ...
ପ୍ରାଚୀନ ସ୍ଥାପତ୍ୟ ଏବେ ମଧ୍ୟ ଭିଏନାରେ ହୁଏ ପ୍ରଚଳିତ
କାରଣ ପୁରାତନ ପନ୍ଥିମାନେ ସେ ପ୍ରାଚୀନ
ରୀତିରେ ଅଭ୍ୟସ୍ତ ।
ଆଉ ସ୍ନୋସ୍‌ମ୍ୟାନ୍
କରିଲେ ପ୍ରସ୍ତାବ ମୁହିଁ ଭିଏନାରେ ରହେ
ଏକ ଗୃହ-କପୋତର ଭଳି ଆନ୍‌ସ୍ଲସ୍‌ଙ୍କ ଭୟେ
କାରଣ "ବୁଦ୍ଧ" ଏକ ଲୋଡ଼ିଥିଲେ
ଅଷ୍ଟ୍ରିୟାର ବାସୀ
(କହୁଅଛି, ଭାଇ, ତୁମକୁ ମୁଁ ଦେଲି ଏ ଦାଇତ୍ୱ ।)

ବାଲୁବାରେ ଝଡ଼ ସୃଷ୍ଟି କରିଥିଲେ
ଯେଉଁ ଗୋରା ଲୋକ
ପାଟିକର ତା ସଙ୍ଗରେ ସେମାନେ ଯେ ନାଗରା ପିଟିଲେ,
"ବୃଦ୍ଧିଜୀବୀ ଲୋକ ଦେଶେ ଗଲେଣି ଯେ ଭରି"
କହିଲେ ସେ ହଙ୍ଗେରୀର ସଦାଶୟ ଜଣେ
୧୯୨୩ ମସିହାରେ । କୁ ଶୁତ୍ କହିଲେ, ବୁଝିଅଛି ମୁହିଁ
ବସିବାରେ କଫି ଦୋକାନରେ—
ସବୁକଥା ହୋଇଅଛି କଥାଭାଷା ଦ୍ୱାରା—
ସବୁ କାମ ହୋଇଅଛି କଥାଭାଷା ଦ୍ୱାରା,
କାରଣ ହେଉଛି ତାର ଯେ ଯାହା କହିଲେ
ଗୋଟିଏ ବିଷୟ କଲେ ପୁନରାବର୍ତ୍ତନ :
"ଭିଏନାରେ ଘଟିଅଛି ଜାତିର ସାଙ୍କର୍ଯ୍ୟ ।
ରହିବି ମୁଁ ତହିଁ ଆଉ ପାଲଟିବି "ଭୁଦ୍-ଧ ?"
"ରାଜତନ୍ତ୍ରେ ସେମାନେ ଅଭ୍ୟସ୍ତ । ପୂଜା କରିବାକୁ
ସେମାନଙ୍କୁ କିଛି ଗୋଟା ମିଳିବା ଉଚିତ । (୧୯୨୭)"
କିଂତୁ ଟାଇରଲଙ୍କୁ ହରାଇ
ସେମାନେ ଖୁସୀ ହେଇଛନ୍ତି କିପରି ?

ସେମାନଙ୍କର ଆନନ୍ଦ ସେତେ ବ୍ୟାପକ ନୁହେଁ।
ଛିନ୍ନବାସ ଦରିଦ୍ର ଆରବ ଫ୍ରୋବେଜିୟସ୍ଙ୍କ ସହ
କଥାଭାଷା କରି
କହିଥିଲା ତାଙ୍କୁ ୩୦୦୦ ତରୁଲତା ନାମ।
ବ୍ରଲ୍ ପାଇଥିଲେ କେତେଗୋଟି ଭାଷା
ପୂର୍ଣ୍ଣ ଲକ୍ଷଣର ସହ
ଯେ ଭାଷାର ଅର୍ଦ୍ଧେକ ଶବଦ ଭରା ଅନୁକରଣରେ; କିନ୍ତୁ
ସାଧାରଣ ପ୍ରୟୋଗର ରୀତି କରିଅଛି ତହୁଁ ଅଗ୍ରଗତି,
ଆମକୁ କହିବାକୁ ହେବ, ଧଳା ଏକ କୁକୁରର ସହ
କଳା ଏକ କୁକୁରତ ସମାନ ନୁହଇ।
ରୋମିଓ ଓ ଜୁଲିଏଟ୍ ଦଶା, ଆଉ ନାହିଁ ଘଟୁ...
ଦୁଃଖର ବିଷୟ ରଖିଥିଲି କାଟି ଯେଉଁ ଛବି
ହଜି ଯାଇଛି ତା' କିଂତୁ ଦେଖାଯାଏ
ଏବେ ମଧ୍ୟ ଘଟୁଅଛି ସେପରି ଘଟନା
ଯେତେବେଳେ ବାଳିକାର ମୃତଦେହ କବର ଦେବାକୁ
ଆୟୋଜନ କରୁଥିଲେ ପରିବାର ଲୋକେ
ସେତେବେଳେ ସେ ଘରର ଦରଜା ବାହାରେ, ଯୁବକ ସେ
ଆତ୍ମହତ୍ୟା କଲା, ଆଉ ବାଳିକା ସେ ଜାଣିଥିଲା
ଏ ଘଟନା ସବୁ।

ସବୁଜ ଓ କଳା, ଡିସେମ୍ବର। କହିଲେ ମିଷ୍ଟର ବ୍ଲଡ୍‌ଗେଟ :

"ସିଲେଇ କଳ କଦାପି ସାଧାରଣ ବ୍ୟବହାରେ ଲାଗି ପାରିବନି
"ଅବଶ୍ୟ ମୁଁ କହିନାହିଁ କେବେ ଅର୍ଥ ହିଁ ରହିବ ଦୃଢ଼"
(ଡଗ୍‌ଲାସ) ଆଉ ବସ୍ତୁତଃ ଜନସଂଖ୍ୟା (ବ୍ରିଟେନ ୧୯୧୪)
ଛାଡ଼ିଗଲେ ୮୦୦ ନିୟୁତ ଡିପାଜିଟ
ଅବଶେଷ ଟଙ୍କା ସବୁ ଉଠା ହୋଇଥିଲା, ଆଉ

ଏହି ଡିପୋଜିଟ୍ ଟଙ୍କା ଦେବା ପାଇଁ
ଛପା ହେଲା ଟ୍ରେଜରୀର ନୋଟ।
ଗୋଟିଏ କାରଖାନା
ରହିଛି ତାହାର ପୁଣି ଆଉ ଏକ ଦିଗ, ଯାହାକୁ କହିବା
ଆମେ ଆର୍ଥିକ ବିଭାବ
ଏହା ଲୋକଙ୍କୁ କ୍ରୟ କରିବାର ଶକ୍ତି ଯୋଗାଏ
(ମଜୁରୀ, ଲାଭାଂଶ ଯାହାଦିଏ କିଣିବାର ଶକ୍ତି)
ତାହା ପୁଣି ଜିନିଷର ଦର କିମ୍ବା ମୂଲ୍ୟର କାରଣ,
ମୁଁ କହୁଛି ଆର୍ଥିକ ମୂଲ୍ୟର କଥା
ଏହା ଶ୍ରମିକ ଏବଂ ଜିନିଷ ଉଭୟଙ୍କୁ ଅର୍ଥ ଆଣିଦିଏ।
ଯାହା ମଜୁରି ଓ ଲାଭାଂଶ ରୂପରେ ଆସେ
କ୍ରୟଶକ୍ତି ରୂପେ ତାହା ଅସ୍ଥିର ହୋଇ ରହେ
କିନ୍ତୁ ସେହି ଶକ୍ତି ଖୁବ୍ କମ୍,
କାରଖାନା ଯେତେ ଟଙ୍କା ବ୍ୟୟ କରେ
(ମଜୁରୀ, ଲାଭାଂଶ ଆଉ କଞ୍ଚାମାଲ ଖରିଦରେ
ବ୍ୟାଙ୍କ ଦେୟ ଇତ୍ୟାଦି ଦେବାରେ
ତାହାହିଁ ସମସ୍ତଖର୍ଚ୍ଚ, ତାହା ମୋଟ ବ୍ୟୟ
ମୋଟ ମୂଲ୍ୟ ନିର୍ଦ୍ଧାରଣରେ ସେହି ସବୁର ହୁଏ ହିସାବ
ସେହି କାରଖାନା ଦ୍ୱାରା; କିନ୍ତୁ ଯେଉଁ ସବୁ
କାରଖାନା ଏସବୁ ସମ୍ଭାଳିବାକୁ ଅକ୍ଷମ, ସେଥିପାଇଁ
ସେଗୁଡ଼ିକର ଏକ ସମବେତ ଅନୁଷ୍ଠାନ ରହେ
ଆଉ ତାହା ରହିବା ଉଚିତ; ମାତ୍ର
(ପ୍ରଚଳିତ ବ୍ୟବସ୍ଥାରେ) କ୍ରୟ କରିବାର ଶକ୍ତି
କଦାପି ମୋଟ ମୂଲ୍ୟର ସମକକ୍ଷ ହୋଇ ପାରିବନି।
ଆଉ ସେଥିପାଇଁ ଆଲୋକ
ହୋଇ ଉଠେ ଏ ଉଜ୍ଜ୍ୱଳ, ଏତେ ଆଖିଝଲସା
ଏହି ସ୍ୱର୍ଗ ଭୂମିର ଆସ୍ତରଣ ଭିତରେ
ମଣିଷର ମନ ହୋଇଉଠେ ବିଭ୍ରାନ୍ତ।

କହିଲା ହେର୍ କୃପ୍ (୧୮୪୨) :
ବନ୍ଧୁକ ଏକପ୍ରକାର ପଣ୍ୟଦ୍ରବ୍ୟ
ମୁଁ ସେମାନଙ୍କୁ କହୁଛି ଶିଳ୍ପର ବିକାଶ ଦିଗରୁ
ମୁଁ ସେମାନଙ୍କୁ କହୁଛି କାରିଗରୀ ଦୃଷ୍ଟିରୁ,
୧୮୪୭ ବରାଦ ଆସିଛି ପ୍ୟାରିସ୍ ଆଉ ମିଶରରୁ...
କ୍ରିମିୟାରୁ ଆସିଛି ବରାଦ,
ବରାଦ ଆସିଛି ପୁଣି ପିଟ୍ରୋ ଇଲ ଗ୍ରାଣ୍ଡେରୁ,
ଆଉ ଆଦେଶ ଆସିଛି ସାମରିକ ଉଚ୍ଚଦପ୍ତରରୁ...
୫୦୦ ସେଣ୍ଟ ପିଟର୍ସବର୍ଗକୁ ଆଉ ନେପୋଲିୟନ୍—
ବାରବିକ୍ ଠାରୁ ୩.୦୦
କ୍ରିଉସଟ ଠାରୁ। ସାଡ଼ୱାଠାରେ
ଅଷ୍ଟ୍ରିୟାର ଥିଲା କିଛି କୃପ୍ କମାଣ;
ପ୍ରୁସିଆର ଥିଲା କିଛି କୃପ୍ କମାଣ।
"ସମ୍ରାଟ ('୬୮) ତମର କାଟାଲଗ୍ ଆଉ
ତମର ମାନର ଜାତିର ସେବା କାର୍ଯ୍ୟ ଦେଖି ଖୁବ୍ ଖୁସି"
(ସ୍ୱାକ୍ଷର) ଲିବୋୟୁଫ
ଯେ କି ମନ୍‌ସିୟର ସ୍ନିଡରଙ୍କ ସମ୍ପର୍କୀୟ ଲୋକ
୧୯୦୦ ପଚାଶ ହଜାର ଅପେରାଇ,
୫୩ ହଜାର କମାଣ, ପ୍ରାୟ ଅଧେ ନିଜର ଦେଶ ପାଇଁ,
ବୋହ୍‌ଲେମ ଓ ହାଲବାକ୍,
କ୍ରିଉସଟର ହେର ସ୍ନିଡର
ଗୋଟିଏ ଉଦର ସହ ଦୁଇଗୋଟି ଦେହ।

ଇଉଜେନ୍, ଆଡଲଫ୍ ଓ ଆଲ୍‌ଫ୍ରେଡ୍
"ଅନ୍ୟ କୌଣସି ସଂପ୍ରସାରଶୀଳ ଶିଳ୍ପଠାରୁ
ବନ୍ଧୁକରୁ ମିଳିଲା ଅଧିକ ଟଙ୍କା"
ଇଉଜେନ୍‌କୁ ପଠାହେଲା ପ୍ରତିନିଧି ପରିଷଦକୁ;
ପ୍ରତିନିଧି ପରିଷଦରୁ, ମନ୍ତ୍ରୀ;
ଶେଷରେ ମନ୍ତ୍ରୀ ହୋଇ ଛିଡ଼ା ହେଲା,
"ଯେ କୌଣସି ସ୍ଥାନରୁ ଆସିଲା ବନ୍ଧୁକ,

କିନ୍ତୁ ପାର୍ଲାମେଣ୍ଟରୁ ଆସିଲା ଖର୍ଚ୍ଚର ମଞ୍ଜୁର"
୧୮୭୪ରେ ମିଳିଲା ଲାଇସେନ୍‌ସ ଅବାଧ ରପ୍ତାନି ପାଇଁ
୨୨ଟି ରାଷ୍ଟ୍ର ଦ୍ୱାରା
୧୮୮୫/୧୯୨୦ ଉତ୍ପାଦନ କରାଗଲା ଦଶହଜାର କମାଣରୁ
୧୯୧୪, ୩୪ ହଜାର
ସେଥିରୁ ଅର୍ଦ୍ଧ ଭାଗ ପଠାଗଲା ଦେଶ ବାହାରକୁ
ପ୍ରତିନିଧି ପରିଷଦରେ ସେ ବରାବର ରହିଲେ ରକ୍ଷଣଶୀଳ ଦଳରେ,
ଶ୍ରମିକମାନଙ୍କ ପାଇଁ ଗଢ଼ାଗଲା ସ୍କୁଲ, ଗୀର୍ଜା
ଆଉ ହସ୍‌ପାତାଳ
ପିଲାମାନଙ୍କ ପାଇଁ ଜମା କରାଗଲା ବାଲି।
ସ୍ନିଡର୍ସ ପ୍ରାସାଦର ସମ୍ମୁଖରେ
ଠିଆ ହେଲା ହେର୍ ହେନେରୀଙ୍କ ସ୍ମୃତିସ୍ତମ୍ଭ
ଚାର୍ଣ୍ଣିଅର୍ସ ଡି ଲା ଜିରୋଣ୍ଡ, ପ୍ୟାରିସ ୟୁନିୟନର ବ୍ୟାଙ୍କ,
ଦି ଫ୍ରାଙ୍କୋ-ଜାପାନିଜ ବ୍ୟାଙ୍କ
ଫ୍ରାଙ୍କୋଇସ୍ ଡି ୱେଣ୍ଡେଲ, ରବର୍ଟ ପ୍ରୋଟଟ୍
ଉତ୍ସର୍ଗିତ ହେଲା ଆସନ୍ତା କାଲିର ବନ୍ଧୁ ଆଉ ଶତ୍ରୁ ଉଦ୍ଦେଶ୍ୟରେ
"ଅତି ଶକ୍ତିଶାଳୀ ରାଷ୍ଟ୍ର ନିଃସନ୍ଦେହ ଏହା
"ଭଗବାନ ବଞ୍ଚାନ୍ତୁ ତମକୁ" କହିଲା ହକ୍ ଉଡ୍
୧୫ ନିୟୁତ : ଜର୍ନାଲ୍ ଡେସ୍ ଡେରାଟସ୍
୩୦ ନିୟୁତ ଦିଆଗଲା ଲି ଟେମ୍ପସ୍‌କୁ
ଇକୋ ଡି ପ୍ୟାରିସକୁ ଏଗାର ନିୟୁତ
ଆମର ବ୍ୟାଙ୍କ ଆଣିଛି ଆମ ପାଇଁ
ମିତ୍‌ସୁଇଠାରେ ଯଥେଷ୍ଟ ଶେୟାର
ଯାହାକି ୫୦ ଡିଭିଜନ ସୈନ୍ୟଙ୍କୁ ସଶସ୍ତ୍ର କରିଥିଲା,
ଯେଉଁମାନେ ଅଟକାଇ ଦେଇଥିଲେ—
ଜାପାନୀ ସୈନ୍ୟଙ୍କୁ
ଆଉ ସେମାନେ ଯେ ବିରାଟ ଭବିଷ୍ୟତର ଅଧିକାରୀ
ହେବେ ଏହା ନିଶ୍ଚିତ।

www.ingramcontent.com/pod-product-compliance
Lightning Source LLC
Chambersburg PA
CBHW060618080526
44585CB00013B/891
* 9 7 8 1 6 4 5 6 0 6 0 2 4 *